董事会

建设与运行手册

中国南方电网有限责任公司法规部 编

中国水利水电出版社
www.waterpub.com.cn

·北京·

图书在版编目（ＣＩＰ）数据

董事会建设与运行手册 / 中国南方电网有限责任公
司法规部编. -- 北京 ： 中国水利水电出版社，2024.2(2024.6重印).
ISBN 978-7-5226-2353-5

Ⅰ．①董… Ⅱ．①中… Ⅲ．①董事会－管理体制－中
国－手册 Ⅳ．①F279.21-62

中国国家版本馆CIP数据核字(2024)第035078号

书　　　名	**董事会建设与运行手册** DONGSHIHUI JIANSHE YU YUNXING SHOUCE
作　　　者	中国南方电网有限责任公司法规部　编
出 版 发 行	中国水利水电出版社 （北京市海淀区玉渊潭南路1号D座　100038） 网址：www.waterpub.com.cn E - mail：sales@mwr.gov.cn 电话：(010) 68545888（营销中心）
经　　　售	北京科水图书销售有限公司 电话：(010) 68545874、63202643 全国各地新华书店和相关出版物销售网点
排　　　版	中国水利水电出版社微机排版中心
印　　　刷	北京天工印刷有限公司
规　　　格	184mm×260mm　16开本　9.5印张　145千字
版　　　次	2024年2月第1版　2024年6月第2次印刷
印　　　数	1501—2500册
定　　　价	**88.00元**

《董事会建设与运行手册》编委会

加强董事会建设是贯彻习近平总书记关于建设中国特色现代企业制度相关要求的重要内容之一。中央企业强化董事会建设不仅是完善公司治理的核心，也是新时代深化国有企业改革、推动中国特色现代企业制度更加成熟定型的重要举措。2021年，国务院国资委在中央企业董事会建设研讨班上提出，要围绕建设专业尽责、规范高效的董事会，健全制度、建优机制、建强队伍，全面提升董事会建设质量，坚定走中国特色国有企业改革发展道路的制度自信，提供公司治理中国方案。2022年的中央经济工作会议，习近平总书记指出，要完善中国特色国有企业现代公司治理，真正按市场化机制运营，加快建设世界一流企业。

为贯彻党中央关于新时期进一步深化国企改革的方针政策，完善中国特色国有企业现代公司治理，中国南方电网有限责任公司（以下简称南方电网公司）对强化董事会建设、完善公司治理体系进行了一系列探索，并在实践中提炼总结出了一套行之有效的规范性操作指南。《董事会建设与运行手册》正是在这一基础上编制而成的。

《董事会建设与运行手册》的编制旨在贯彻落实党中央、国务院国资委有关董事会建设政策文件，全面承接《南方电网公司深化子企业董事会建设工作方案（2023年版）》管理要求，通过全面梳理现行法律法规以及相关管理制度文件，系统阐明董事会建设的基本概念、管理政策和规范要求，围绕董事会的功能定位、组建组成、职责权限、运行机制、决策程序、董事履职、支撑保障、管理监督等 13 个领域环节明确 66 项指引要点，覆盖董事会建设与运行全过程。在此基础上，引入 16 个司法案例和 18 个上市公司实践案例，为具体实践操作提供实务参照，使规则的执行有据可依、有例可援。同时，在上市公司监管方面规定复杂处通过表格列明要点、在董事会职权方面规定差异处利用图表进行对比、在治理型行权方面涉及流程时引入图像展示步骤，以直观的方式，既对以往有效做法进行总结提炼，又结合实践中的新问题进行探索创新，为从事董事会建设实务人员提供一套完整规范的履职标准，以及附件涵盖议案材料、会议决议、工作报告等便捷实用的 18 份董事会文件模板工具包，有助于提升董事会规范运作水平。

  我们坚信，随着国企改革从多点突破向纵深推进，《董事会建设与运行手册》也将在公司治理的实践中规范，在发展中完善。在加快建设世界一流企业的征途中，南方电网将坚持战略引领，传承改革基因，闯字当头，干在实处，更好发挥国有经济战略支撑作用，为推动中国特色现代企业制度建设更加成熟定型贡献南网经验。

作者

2024 年 2 月

目 录
MULU

第一章 董事会建设

第一节　董　事　会

一、董事会功能定位

公司原则上应当设立董事会，但规模较小的有限责任公司，可以不设董事会，只设一名董事❶。董事会功能定位是"定战略、作决策、防风险"。"定战略"方面，董事会应当建立健全企业战略规划研究、编制、实施、评估的闭环管理体系；"作决策"方面，董事会依照法定程序和公司章程决策企业重大经营管理事项，包括企业经营计划、重大投融资事项、年度财务预决算、重要改革方案等，并督导经理层高效执行；"防风险"方面，董事会应当推动完善企业的风险管理体系、内部控制体系、合规管理体系和违规经营投资责任追究工作体系，有效识别研判、推动防范化解重大风险。董事会是公司的法定治理主体之一，《中华人民共和国公司法》或章程规定属于董事会职权的，应当由董事会审议决定。

 司法案例：股东会❷、董事会具有法定地位

湖北润达工程机械有限公司、郑章钧等买卖合同纠纷❸	
主要事实及法院认定	合肥中建工程机械有限责任公司（以下简称中建公司）在 2011 年出具《第三方单位担保书》一份，承诺为出具本担保书之前湖北润达工程机械有限公司（以下简称润达公司）欠厦门厦工机械股份有限

---

❶　根据《关于进一步推进国有企业贯彻落实"三重一大"决策制度的意见》及南方电网公司不同治理结构公司治理范本，国有企业执行董事的职权较原《中华人民共和国公司法》中执行董事的基本职权有所调整，《公司法（2023 年版）》中已无执行董事概念。

❷　《公司法（2023 年版）》中已无股东大会概念，均统一为股东会，余同。

❸　（2020）最高法民终 1143 号。

	湖北润达工程机械有限公司、郑章钧等买卖合同纠纷
主要事实及法院认定	公司（以下简称厦门厦工公司）的货款及出具本担保书后润达公司在销售厦门厦工公司的铲运机械、挖掘机、道路机械、工业车辆、配件等产品业务中所欠公司的货款承担保证责任。该《第三方单位担保书》虽然有沈红霞在法定代表人处签名，并盖有中建公司的公章，但是《中华人民共和国公司法》第十六条规定："公司向其他企业投资或者为他人提供担保，依照公司章程的规定，由董事会或者股东会、股东大会决议；公司章程对投资或者担保的总额及单项投资或者担保的数额有限额规定的，不得超过规定的限额。"根据该条规定，担保行为不是法定代表人所能单独决定的事项，而必须以公司股东会、董事会等公司机关的决议作为授权的基础和来源。法定代表人未经授权擅自为他人提供担保的，构成越权代表，现厦门厦工公司并未提供证据证明以中建公司名义为本案提供的担保经过了中建公司董事会或者股东会的同意，故该担保属于法定代表人未经授权擅自为他人提供担保。因此，《第三方单位担保书》应当认定无效。
要点	公司出具的担保合同虽然有法定代表人签名，并加盖公司的公章，但是，担保行为不是法定代表人所能单独决定的事项，而**必须以公司股东会、董事会等公司机关的决议作为授权的基础和来源**，法定代表人未经授权擅自为他人提供担保的，构成越权代表，担保合同应当认定无效。

二、董事会与其他治理主体之间的关系

公司的治理主体包括股东会、党组织、监事会、经理层、职工代表大会等。

1. 与股东会的关系

股东会是公司的权力机构，决定涉及股东重大利益、公司性质重大变化等方面事项。股东会负责选举和更换非由职工代表担任的董事、监事，决定有关董事、监事的报酬事项；审议批准董事会的报告。董事会对股东会负

责，负责召集股东会会议，并向股东会报告工作，执行股东会的决议，平等对待所有股东。

2. 与党组织的关系

公司应坚持加强党的领导和完善公司治理相统一、加快完善中国特色现代企业制度，将党的领导落实到公司治理各环节，充分彰显中国特色现代企业制度优势。党组织在公司治理结构中具有法定地位，发挥把方向、管大局、保落实的领导作用。董事会要自觉维护党组织发挥领导作用。

党组织要依照规定讨论和决定企业重大事项，尊重和支持董事会依法行使职权，避免直接成为企业生产经营的决策和指挥中心。党组织前置研究讨论重大经营管理事项要把关到位，重点看"四个是否"，即决策事项是否符合党的理论和路线方针政策，是否贯彻党中央决策部署和落实国家发展战略，是否有利于促进企业高质量发展、增强企业竞争实力、实现国有资产保值增值，是否有利于维护社会公众利益和职工群众合法权益，把好政治关、政策关、方向关，保证国有企业的政治属性。党组织前置研究讨论形成意见，不等同前置决定，不能代替其他治理主体决定。

3. 与监事会的关系

董事会与监事会二者之间相互独立，系平行关系，不存在领导与被领导关系，均对股东会负责。监事会作为公司的监督机构，监督董事会，并与董事会共同行使对公司经营管理层（经理）的监督权。

4. 与经理层的关系

经理层是公司的具体执行机构，根据法律、公司章程或者董事会授权履行职责，执行公司日常经营管理业务，发挥谋经营、抓落实、强管理作用。董事会与经理层系垂直的上下级关系，董事会决定经理层成员的聘任或解聘，经理层对董事会负责，听从董事会指挥，接受董事会监督。

5. 与职工代表大会的关系

公司依照宪法和有关法律的规定，通过职工代表大会或者其他形式，实行民主管理。职工代表大会（或职工大会）是职工行使民主管理权力的机构，是企业民主管理的基本形式。董事会应与以职工代表大会为基本形式的民主管理制度协调运作，使职工代表大会有序参与公司治理。涉及职工切身利益的重大问题必须经过职工代表大会审议或者以其他形式听取职工群众的意见和建议，依法行使和落实职工代表大会审议建议权、审议通过权、监督评议权、民主选举权等职权。其中，审议建议的程序在治理主体决策会议之前；审议通过、民主选举的程序在治理主体决策会议之后。职工董事通过职工代表大会选举产生，在董事会上真实、准确、全面地反映职工的意见和建议。

 司法案例：公司章程的重要性

甘肃农垦金昌农场有限公司、金昌水泥（集团）有限责任公司决议效力确认纠纷❶	
主要事实	金昌水泥（集团）有限责任公司（以下简称金泥公司）原股东为持股 59.43％的甘肃农垦金昌农场有限公司和持股 40.57％的金昌市人民政府国有资产监督管理委员会（以下简称金昌市国资委）。 2014 年 10 月，金昌水泥（集团）有限责任公司作出股东会决议，决定对其使用的 8 宗国有土地依照基准地价重新评估，将重新评估土地价值全部作为金昌市国资委对公司的单方增资额进行增资。增资后，金昌市国资委在公司的股权比例变更为 62.48％，甘肃农垦金昌农场有限公司股权比例减少为 37.52％。甘肃农垦金昌农场有限公司和金昌市国资委在该股东会决议上签字、盖章。增资事项办理了工商变更登记手续。 其后，甘肃农垦金昌农场有限公司以股东会决议违反国有企业"三重一大"决策制度等理由向法院提起诉讼，请求确认股东会决议无效。一审法院驳回了甘肃农垦金昌农场有限公司的诉讼请求。二审法院确认股东会决议部分内容有效。再审被最高人民法院驳回。

---

❶ （2021）最高法民申 3524 号。

	甘肃农垦金昌农场有限公司、金昌水泥（集团）有限责任公司 决议效力确认纠纷
法院认定	本院经审查认为："……二、金昌水泥（集团）有限责任公司于 2014 年 10 月 22 日所作股东会决议内容是否违反相关法律、行政法规强制性规定的问题。2014 年 10 月 22 日金昌水泥（集团）有限责任公司在召开股东会时，甘肃农垦金昌农场有限公司和金昌市国资委作为金泥公司的股东均出席了该股东会，甘肃农垦金昌农场有限公司在股东会决议上加盖了公章且股东代表石怀仁签字确认，金昌市国资委也在股东会决议上加盖了公章且股东代表董＊＊签字确认。根据《中华人民共和国公司法》第四十三条关于'股东会的议事方式和表决程序，除本法有规定的外，由公司章程规定'，上述金昌水泥（集团）有限责任公司股东会的召开方式和表决程序均未违反《中华人民共和国公司法》和公司章程的规定。……'三重一大'决策制度是党中央、国务院规范国有企业决策管理的制度，从上述法律法规不能得出甘肃农垦金昌农场有限公司所主张的金昌水泥（集团）有限责任公司股东会决议效力的结果。"
要点	股东会决议未经党委（党组）前置研究，仅违反国有企业"三重一大"决策制度等规范性文件，未违反《中华人民共和国公司法》和公司章程的规定，股东会决议有效。 因此，**应当将党委（党组）前置研究讨论程序纳入章程，确立党委（党组）在公司治理中的法定地位，才能使需要党委（党组）前置研究讨论但未履行前置程序的董事会或股东会决议可撤销。**

三、董事会的规模和结构

有限责任公司及股份有限公司设董事会，成员为三人以上。股东人数较少或者规模较小的有限责任公司及股份有限公司，可以设一名董事，不设董事会。

董事会结构实行分类设置，公司应参照子企业董事会规模配置模型，科学确定既符合法律法规政策要求，又适应公司经营发展需求的董事会规模。南方电网子企业董事会成员典型配置为七人，即一名董事长、一名总经理、一名职工董事和四名外部董事。结合股权结构、行业监管要求、业务复杂度、投资规模、管理成熟度、经营风险等因素，南方电网子企业董事会成员配置可为七人、九人和十一人。

四、董事会的组成

董事会由董事长和非董事长的其他董事组成。董事可分为内部董事与外部董事、独立董事、职工董事等。外部董事又分为专职外部董事与兼职外部董事，独立董事为外部董事的一种。

1. 董事长

董事长是董事会规范运行的第一责任人，应带头准确理解、全面落实"两个一以贯之"，深入研究董事会建设等问题。对于设立董事会的公司，董事会应设董事长一人，可设一名或者多名副董事长。董事长、总经理原则上分设，党组织书记、董事长一般由一人担任。其中股份公司的董事长、副董事长由董事会以全体董事的过半数选举产生；有限责任公司董事长、副董事长产生办法由公司章程规定，可以由董事会、股东会选举产生，也可以采取其他方式，如股东直接委派等。全资子公司的董事长、总经理均应为内部董事，定期向董事会报告工作。

2. 董事

董事指担任公司董事职位的人。

（1）内部董事。内部董事指由公司内部人员担任的董事，除了担任公司董事或董事会专门委员会的有关职务外，同时担任公司其他职务。

（2）外部董事。外部董事指由非公司员工的外部人员担任的董事，其不在公司担任除董事和董事会专门委员会有关职务以外的其他职务，不负责执行层的事务。

（3）独立董事。上市公司应设独立董事。独立董事是指不在上市公司担任除董事会专门委员会委员外的其他职务，并与其所受聘的上市公司及其主要股东、实际控制人不存在直接或间接利害关系，或者其他可能影响其进行独立客观判断关系的董事。

（4）职工董事。职工董事指依照法律规定，通过职工代表大会或职工大会选举产生，作为职工代表进入董事会的董事。

五、董事会职权

董事会执行股东会决定，依照法定程序和公司章程授权决定公司重大事项，接受股东会、监事会监督，认真履行决策把关、内部管理、防范风险、深化改革等职责。具体职权见表1-1。

表1-1 《中华人民共和国公司法（2023年版）》有关董事会职权

《中华人民共和国公司法》有关董事会职权
• 1. 召集股东会会议，并向股东会报告工作。 • 2. 执行股东会的决议。 • 3. 决定公司的经营计划和投资方案。 • 4. 制订公司的利润分配方案和弥补亏损方案。 • 5. 制订公司增加或者减少注册资本以及发行公司债券的方案。 • 6. 制订公司合并、分立、解散或者变更公司形式的方案。 • 7. 决定公司内部管理机构的设置。 • 8. 决定聘任或者解聘公司经理及其报酬事项，并根据经理的提名决定聘任或者解聘公司副经理、财务负责人及其报酬事项。 • 9. 制定公司的基本管理制度。 • 10. 公司章程规定或者股东会授予的其他职权。

不同治理结构公司治理章程范本在《中华人民共和国公司法》的基础上细化了董事会职权，具体职权见表1-2。

表1-2   不同治理结构公司治理章程范本有关董事会职权

不同治理结构公司治理章程范本有关董事会职权

- 1. 召集股东会会议，执行股东会的决定，向股东会报告工作。*
- 2. 制定贯彻党中央及上级党组织、国务院、省委决策部署和落实国家、地区发展战略重大举措的方案。*
- 3. 制订公司经营方针、发展战略和中长期发展规划。
- 4. 决定公司经营计划、投资方案和重大投资项目。*
- 5. 制订公司的年度计划预算（含投资计划）和财务决算方案（包括公司重大会计政策和会计估计变更方案）。
- 6. 制订公司的利润分配和弥补亏损方案。*
- 7. 制订公司增加或者减少注册资本的方案。*
- 8. 制订发行公司债券方案。*
- 9. 制订公司合并、分立、解散或者变更公司形式的方案。*
- 10. 制订公司章程草案和公司章程的修改方案。
- 11. 制定公司的基本管理制度（党的建设、纪检监督、巡察监督、干部管理、人才管理等基本制度除外）。*
- 12. 决定公司内部管理机构的设置（党组织工作机构除外），决定分公司、子公司的设立或者撤销。*
- 13. 决定公司内部有关重大改革重组事项。
- 14. 坚持党管干部和市场化选人用人的基本原则，决定经理层成员任期制和契约化管理重大事项；结合公司实际，决定公司职业经理人选聘重大事项。
- 15. 根据有关规定和程序，聘任或解聘公司总经理、副总经理、总会计师、总法律顾问等公司高级管理人员；根据董事长提名聘任或解聘董事会秘书；按照有关规定，决定高级管理人员的经营业绩考核和薪酬等事项。*
- 16. 决定公司的重大收入分配方案，包括公司工资总额预算与清算方案等（上级另有规定的，从其规定）；批准公司职工收入分配方案、公司年金方案。
- 17. 在满足国务院国资委资产负债率管控要求的前提下，决定公司的资产负债率上限。
- 18. 决定聘用或者解聘负责公司财务会计报告审计业务的会计师事务所及其报酬。
- 19. 审议批准一定金额以上的融资方案、资产处置方案以及对外捐赠或者赞助，决定具体金额标准。
- 20. 审议批准公司担保事项（向股东或实际控制人提供担保的除外）。
- 21. 决定公司的风险管理体系、内部控制体系、违规经营投资责任追究工作体系、法律合规管理体系，对公司风险管理、内部控制和法律合规管理制度及其有效实施进行总体监控和评价；决定公司年度内控工作报告。
- 22. 指导、检查和评估公司内部审计工作，决定公司内部审计机构的主要负责人，建立审

不同治理结构公司治理章程范本有关董事会职权
计部门向董事会负责的机制，审议批准年度审计计划和重要审计报告。
• 23. 制订董事会的工作报告。
• 24. 听取总经理工作报告，检查总经理和其他高级管理人员对董事会决议的执行情况，建立健全对总经理和其他高级管理人员的问责制度。
• 25. 决定公司安全环保、维护稳定、社会责任方面的重大事项。
• 26. 审议批准公司重大诉讼、仲裁等法律事务处理方案。
• 27. 决定公司行使所出资企业的股东权利所涉及的重要事项。
• 28. 法律、行政法规、本章程规定和股东会授权行使的其他职权。

注　＊为《中华人民共和国公司法（2023年版）》第六十七条所列董事会职权。

根据《中央企业落实子企业董事会职权操作指引》，董事会重点落实中长期发展决策权、经理层成员选聘权、经理层成员业绩考核权、经理层成员薪酬管理权、职工工资分配管理权及重大财务事项管理权等六大职权。具体内容见表1-3。

表1-3　　　　　　董事会六大职权

董事会六大职权
• 1. 中长期发展决策权，制定中长期发展规划、制定年度投资计划、培育新业务领域。
• 2. 经理层成员选聘权，制定经理层选聘工作方案、稳妥开展经理层选聘工作、推行任期制和契约化管理。
• 3. 经理层成员业绩考核权，制定经营业绩考核办法、签订年度和任期经营业绩责任书、科学合理确定经理层成员业绩考核结果。
• 4. 经理层成员薪酬管理权，制定薪酬管理办法、制定薪酬分配方案、建立健全约束机制。
• 5. 职工工资分配管理权，制订工资总额管理办法、明确工资总额决定机制、动态监测职工工资有关指标执行情况、统筹推进企业内部收入分配制度改革。
• 6. 重大财务事项管理权，制定担保管理制度、制定负债管理制度、制定对外捐赠管理制度。

公司应制定落实董事会职权实施方案，完善落实董事会职权配套制度和文件，制度文件中应载明落实董事会职权事项的审议程序。

司法案例：股东会是否可以将法定职权授予董事会行使之一

袁某等诉黄启人等公司利益责任纠纷案❶	
主要事实	袁某等人系某某商贸公司股东，该公司《章程》第二十七条规定："公司自主对公司资产开发，由董事会决定并向股东会报告。"2004年10月18日和同月20日，公司两次作出董事会决议，决定投资开设某生产厂，动用资金超过1,000万元，并严重亏损。袁某等部分股东遂诉至法院要求董事承担责任，并在再审中提出：《中华人民共和国公司法》第三十七条规定的股东会职权中包括决定公司投资计划，某某商贸公司《章程》第二十七条将该权限下放至董事会，违反了法律的强制性规定，应当认定为无效。
法院认定	最高院认为，《中华人民共和国公司法》第三十七条、第四十六条分别是有关股东会和董事会职权的相关规定，并不属于效力性强制性规定。而且根据《中华人民共和国公司法》第四条规定，公司股东依法享有选择管理者的权利，相应地该管理者的权限也可以由公司股东会自由决定，《中华人民共和国公司法》并未禁止有限责任公司股东会自主地将一部分决定公司经营方针和投资计划的权力赋予董事会，故某某商贸公司章程第二十七条有效。
要点	司法实践中的主流观点认可股东会可以将《中华人民共和国公司法》第三十七条所赋予的职权委派给董事会行使，同时存在部分判例坚持认为《中华人民共和国公司法》第三十七条属于强制性规范不可授权〔如上海市第一中级人民法院在（2013）沪一中民四（商）终字第822号判决〕。因此，公司应将授权负面清单写入章程。

---

❶ （2017）最高法民申1794号。

司法案例：股东会是否可以将法定职权授予董事会行使之二

	沈寒松、羊永新、江建兴与贵州熏酒有限公司、胡秋云、胡佳杰公司决议效力确认纠纷案❶
主要事实	贵州熏酒有限公司章程规定，公司设董事会，成员为胡秋云、羊永新、沈寒松、江建兴。羊永新、沈寒松、江建兴于 2012 年 4 月 20 日作出内容是解聘胡秋云作为贵州熏酒有限公司的法定代表人兼总经理的股东会决议。
法院认定	《中华人民共和国公司法》第四十九条规定，有限责任公司可以设经理，由董事会决定聘任或者解聘。**贵州熏酒有限公司章程第八章第二十九条规定，董事会对股东会负责，行使下列职权：（九）决定聘任或者解聘公司经理及其报酬事项，并根据经理的提名决定聘任或者解聘公司副经理、财务负责人及其报酬事项。**虽然股东会是公司的最高权力机构，但也必须遵守《中华人民共和国公司法》的强制性规定和公司章程相关规定。因此，胡秋云作为贵州熏酒有限公司的法定代表人和总经理，应由公司董事会决定对其的聘任或者解聘。三上诉人以股东会决议作出解聘胡秋云的法定代表人兼总经理职务，不符合上述规定，超越了股东会职权。故 2014 年 4 月 20 日的股东会决议不符合《中华人民共和国公司法》和贵州熏酒有限公司的章程规定，应认定为无效。
要点	从表述来看，该案件中法院观点属于上一案例要点中提及的"部分判例坚持认为《中华人民共和国公司法》第三十七条属于强制性规范不可授权"。但无论该法院在该案件中对《中华人民共和国公司法》第三十七条的性质如何认为，该案件的关键点仍在于该公司章程中已经明确规定了由董事会负责"决定聘任或者解聘公司经理及其报酬事项"。

六、领导体制

公司应落实"双向进入、交叉任职"领导体制，符合条件的党组织班子

---

❶ （2015）黔高民商终字第 1 号。

成员可以通过法定程序进入董事会，董事会成员中符合条件的党员依照有关规定和程序进入党组织，实现党组织班子与董事会成员适度交叉、相对独立、配备科学。董事长、总经理原则上分设，应均为内部董事。党组织书记、董事长一般由一人担任，董事会中须有一名职工董事。可以配备专职副书记，专职副书记一般进入董事会且不在经理层任职，职工董事和专职副书记可由一人担任。

七、董事会应建尽建要求

根据国企改革三年行动部署要求，中央企业集团要统筹推进子企业董事会建设，按照有关法律、行政法规要求设置董事会，实现应建尽建。规模较小或股东人数较少的有限责任公司，存在以下情形之一的，可以不纳入董事会应建范围，设董事一人：市场化程度较低，目标客户和市场比较稳定；业务类型单一，投资事项少；拟实施重组、对外转让或停业、清算注销；由上级单位实施运营管控；无实际经营活动。境外企业按照当地法律规定，参照执行。

南方电网公司按照以上原则，科学界定董事会建设范围，动态调整子企业董事会应建尽建范围，撤销董事会的实行出库管理，新建董事会的实行入库管理。

八、外部董事配备

完善外部董事人才库，按照企业经营管理、战略规划、资本和项目投资、财务审计、人力资源、法律合规、科技创新等维度进行动态管理，拓宽来源渠道。完善外部董事选聘和管理制度，为外部董事队伍选育管用提供科学依据。外部董事遴选应突出企业经营管理实战经验和专业能力，对政治上、廉洁上有问题的一票否决。畅通专职外部董事与现职领导人员双向交流通道，保证董事会专业经验多元、能力结构互补、老中青结合。

九、外部董事占多数原则

外部董事占多数是国有企业规范董事会建设的重要内容。这种制度性安排可以从根本上实现企业决策层与执行层的分离。纳入董事会应建范围内的各级子公司外部董事原则上应占董事会成员的多数。

十、董事任期

董事任期可以由公司章程规定，但每届任期不得超过三年。董事任期届满后，可连选连任，外部董事监事在同一企业连续任职一般不得超过六年。董事任期届满未及时改选，或者董事在任期内辞职导致董事会成员低于法定人数的，在改选出的董事就任前，原董事仍应当依照法律、行政法规和公司章程的规定，履行董事职务。

十一、董事会届期

《中华人民共和国公司法》只规定董事任期，未规定董事会届期。中央企业董事会一般不设届期。上市公司的董事会均设届期并定期换届，主要因为股权结构频繁变动，公司治理结构需与之相适应，以尽可能满足不同股东的利益诉求。

 司法案例：**上市公司董事会决议自我延长任期被认定无效**

广州东凌国际投资股份有限公司、中国农业生产资料集团公司决议效力确认纠纷案❶	
主要事实	广州东凌国际投资股份有限公司于2017年3月29日召开第六届董事会第三十四次会议，会议审议通过，延长第六届董事会任期（2017年4月25日届满）至公司与中国农业生产资料集团公司等十家交易对手方所签署的《盈利预测补偿协议》履行完毕为止。公司股东中国农业生产资料集团公司向法院起诉请求确认上述决议内容无效。

---

❶ （2020）粤民再359号。

广州东凌国际投资股份有限公司、中国农业生产资料集团公司 公司决议效力确认纠纷案	
法院认定	一审法院认为，结合《中华人民共和国公司法》第四十五条第二款和公司章程的规定，广州东凌国际投资股份有限公司董事会决议延长第六届董事会任期至公司与中国农业生产资料集团公司等十家交易对手所签署的《盈利预测补偿方案》履行完毕为止的原因是，广州东凌国际投资股份有限公司与中国农业生产资料集团公司等十家交易对手存在纠纷，若在此情形下提名和选举董事，可能会产生严重的利益冲突和公平性问题等。由此可见，董事会延长任期的期限和理由均不符合《中华人民共和国公司法》和公司章程的规定。该条规定并不是为了延长董事任期，而主要是对董事忠实、勤勉履行董事职务的约束和要求。在特定情形下，董事任期届满，原董事继续履行职务，是董事的法定义务。故判决确认决议内容无效。 　　二审法院认为，《中华人民共和国公司法》第四十五条并没有赋予董事会可自行决定任期的权利。广州东凌国际投资股份有限公司认为董事会有权决定任期延期，显然与《中华人民共和国公司法》所要规范公司的组织和行为的目的不符，剥夺了股东有选择管理者的权利。故驳回上诉，维持原判。 　　再审提审中，广东省高级人民法院认可了一、二审法院的观点，并在此基础上补充认为：虽然《中华人民共和国公司法》第四十五条第二款规定，如果董事任期届满未及时改选，或者董事在任期内辞职导致董事会成员低于法定人数的，在改选出的董事就任前，原董事仍应当依照法律、行政法规和公司章程的规定，履行董事职务，但系因出现客观情形，为保证公司董事会正常运行的特殊规定，并非赋予董事会可自行决定延长董事任期的权力。股东在董事任期届满前选举新一届董事的权利应当受到法律保护。董事会作出同意延长董事会任期的决议，显然违反了《中华人民共和国公司法》的相关规定，超越了董事会的职权范围，损害了股东的合法权利，亦违背了董事勤勉、尽职的义务，缺乏正当性和合法性。
要点	股东有选择管理者的权利，《中华人民共和国公司法》第四十五条亦未赋予董事会自行决定任期的权利。董事会不可擅自作出同意延长董事会任期的决议，该事项需经股东会审议通过。

十二、董事会文化

董事会应加强文化建设，董事长是董事会文化建设的主要推动者，着力构建董事既能独立审慎发表意见，又能相互启发、优势互补、团结合作、高效而富有领导力的文化氛围。

董事会文化建设是董事会评价的重要内容，其评价要点为培育"忠实尽责、民主平等、开拓进取"的董事会文化。用好董事会"一人一票"机制，决策时保持独立性和战略定力，充分行使民主权利。加强内外部董事沟通，充分听取吸收外部董事意见，防止决策以偏概全。

 实践案例：中国铁建董事会文化建设

中国铁建打造新时代合规高效的央企上市公司❶	
主要内容	中国铁建股份有限公司（以下简称中国铁建）董事会以中国证监会、北京证监局、交易所等监管机构有关规章制度为指导，按照《公司章程》《股东会议事规则》《董事会议事规则》、董事会各专门委员会工作细则及《贯彻落实"三重一大"决策制度实施办法》等要求，突出"五个重视"，培育畅所欲言、勤勉尽责的董事会文化，确保依法合规、科学决策。 　　"五个重视"分别为： 　　一、重视调查研究。掌握完整充分的信息是董事会科学决策的前提。公司认真组织董监事参加监管机构组织的履职培训，要求机关各业务部门将上级重要文件、公司重要会议资料、工作报告、生产经营和财务快报、重要简报和信息，及时报送各位外部董事。董事会建立了调研工作制度，每年根据公司重点工作和董事会重大决策事项，组织两至三次外部董事进行实地调研。 　　二、重视议案管理和决议执行情况反馈。董事会按照国务院国资

---

❶　来源于《国资报告》杂志。

续表

	中国铁建打造新时代合规高效的央企上市公司
主要内容	委和监管机构的相关规定，结合公司实际情况，制定印发了《董事会会议议案管理细则》和《关于董事会会议议案管理有关问题的通知》，对董事会议案质量、提交时限和程序等议案管理相关事项进行了规范，提高了决策的质量和效率。董事会重视决议的执行及反馈，董事会后及时将决议印发机关有关部门及所属企业执行，并通过OA系统对决议执行情况进行督促和实时跟踪，定期将决议执行情况向各位董事、监事及高管进行汇报。 三、重视发挥外部董事的作用。董事会充分发挥集体决策的制度优势，重视发挥外部董事的作用。董事会前，经理层与各位董事尤其是外部董事进行深入沟通，让董事们充分了解与决策有关的信息，提高决策的科学性。董事会充分发挥外部董事在各个领域的专长，积极采纳其意见和建议，为外部董事独立、客观地发表意见创造条件。董事会上，外部董事畅所欲言，对议案进行深入研讨，只要有一位外部董事提出不同意见，董事会都认真对待，充分讨论。对需要进一步了解和补充完善的议案，暂缓表决。董事会及时将各位董事在调研中的发言摘要印发，指导公司的经营管理工作。外部董事认真履职，审慎决策，按时出席公司的各类决策会议，会前认真研读议案，并与经理层深入沟通，按时参加董事会调研活动，为企业发展献计献策，为公司的发展作出了积极贡献。 四、重视发挥董事会专门委员会的作用。董事会下设提名委员会、战略与投资委员会、薪酬与考核委员会、审计与风险委员会四个专门委员会，并注重发挥各专门委员会辅助决策的作用。董事会根据董事各自不同的专业背景和履职经历，分别进入四个专门委员会，以充分发挥其经验和专业特长。目前，薪酬与考核委员会、审计与风险委员会全部由外部董事组成，提名委员会、战略与投资委员会中外部董事占多数。 五、重视保障独立董事的独立性。公司建立了独立董事制度，独立董事均按照制度要求对公司相关重大事项发表独立意见。在公司发布定期报告以前，独立董事均与审计机构进行充分沟通。

中国铁建打造新时代合规高效的央企上市公司	
要点	将董事会文化贯彻落实在董事会建设和运行的各个环节中，培育畅所欲言、勤勉尽责的董事会文化，确保依法合规、科学决策。

第二节　董事会专门委员会

一、董事会专门委员会的定位及功能

董事会下设专门委员会，董事会专门委员会是董事会的专门工作机构，由董事组成，为董事会决策提供咨询和建议，对董事会负责。董事会专门委员会负责制定各自的工作规则，具体规定各专门委员会的组成、职责、工作方式、议事程序等内容，经董事会批准后实施。

二、董事会专门委员会的设置

1. 董事会专门委员会的类别

董事会专门委员会实行分类构建。各子企业董事会设战略与投资委员会、薪酬与考核委员会、审计与风险委员会、提名委员会，根据监管要求及实际需要可以设置科技与创新委员会、监督委员会等其他专门委员会。明确专门委员会的工作支持部门及其主要职责分工，充分发挥各专门委员会咨询建议作用。

2. 董事会专门委员会的人员构成

董事会专门委员会成员应全部由董事会成员组成，担任专门委员会成员的董事需具有特定的专业知识，能够协助董事会做好专业决策，确保董事会决策的科学性。

（1）战略与投资委员会。一般由三至五名董事组成，由董事长担任召集人（主任），担任总经理的董事一般进入该委员会，外部董事应当占多数。其他董事中具备战略规划、资本或项目投资等工作经历或专业特长，或者具备二级单位主要负责人任职经历的应优先进入该委员会。

(2) 提名委员会。 一般由三至五名董事组成，由董事长（党委书记）担任召集人（主任）且外部董事应占多数，董事（专职副书记）可根据工作需要进入该委员会。其他董事中具备人力资源、识人用人等专业工作经历或专业特长，或者具备二级单位主要负责人任职经历的应优先进入该委员会。

(3) 薪酬与考核委员会。 一般由三名董事组成，应全部为外部董事。外部董事中具备人力资源、薪酬管理等专业工作经历或专业特长的应进入该委员会，其中具备二级单位主要负责人任职经历的可考虑担任召集人。

(4) 审计与风险委员会。 一般由三名董事组成，应全部为外部董事。外部董事中具备财务、会计或审计等专业工作经历或专业特长的应进入该委员会并担任召集人。

3. 上市公司董事会专门委员会的要求

上市公司董事会应当设立审计与风险委员会。审计与风险委员会成员应当为不在公司担任高级管理人员的董事，其中独立董事应当占多数，并由会计专业的独立董事担任召集人。上市公司根据需要设立提名、薪酬与考核、战略等相关专门委员会。提名委员会、薪酬与考核委员会中独立董事应当占多数并担任召集人。

三、董事会专门委员会的职责

1. 董事会专门委员会的相关职责

董事会专门委员会的主要职责包括：

(1) 战略与投资委员会。 研究公司发展战略规划、经营计划、投资计划；就董事会需决策的主营业务调整、投资项目负面清单、国有资产处置、资本运作、改制等，向董事会提出审议意见。

（2）提名委员会。按照有关规定，拟订公司高级管理人员选任标准和程序，就总经理人选向董事会提出建议，就董事长提名的董事会秘书人选、总经理提名的经理层副职和总法律顾问人选进行审核并向董事会提出建议。

（3）薪酬与考核委员会。负责拟订公司高级管理人员的经营业绩考核办法和薪酬管理办法，考核、评价高级管理人员的业绩，并依据考核结果，向董事会提出高级管理人员的薪酬兑现建议。

（4）审计与风险委员会。指导企业内部控制机制建设；向董事会提出聘请或者更换会计师事务所等有关中介机构及其报酬的建议；审核公司的财务报告、审议公司的会计政策及其变动并向董事会提出意见；向董事会提出任免公司内部审计机构负责人的建议；督导公司内部审计制度的制定及实施；对企业审计体系的完整性和运行的有效性进行评估和督导；与监事会和公司内部、外部审计机构保持良好沟通。

2. 上市公司董事会专门委员会的职责

根据《上市公司治理准则》，各委员会名称设置与中央企业要求略有不同，分别为战略委员会、薪酬与考核委员会、审计与风险委员会及提名委员会，对应的职责包括：

（1）战略委员会。对公司长期发展战略和重大投资决策进行研究并提出建议。

（2）薪酬与考核委员会。研究董事与高级管理人员考核的标准，进行考核并提出建议；研究和审查董事、高级管理人员的薪酬政策与方案。

（3）审计与风险委员会。监督及评估外部审计工作，提议聘请或者更换外部审计机构；监督及评估内部审计工作，负责内部审计与外部审计的协调；审核公司的财务信息及其披露；监督及评估公司的内部控制；公司章程以及董事会授权的其他事项。

（4）提名委员会。研究董事、高级管理人员的选择标准和程序并提出建议；遴选合格的董事人选和高级管理人员人选；对董事人选和高级管理人员人选进行审核并提出建议。

实践案例：上市公司董事会专门委员会关联董事未回避表决被责令整改

联建光电（证券代码 300269）	
主要事实	深圳市联建光电股份有限公司（以下简称联建光电）第五届董事会提名、薪酬与考核委员会第二次和第四次会议在审议公司高级管理人员 2019 年度、2020 年度薪酬方案时，关联董事未回避表决，违反了《上市公司治理准则》第六十条第一款的规定。
后果	2022 年 10 月 27 日，深圳证监局公布行政监管措施决定书，对联建光电采取责令改正措施。决定书中显示联建光电存在董事会专门委员会审议相关议题时关联董事未回避的三会运作不规范问题。深圳证监局就包括关联董事未回避董事会专门委员会等一系列公司规范运作问题，根据《上市公司现场检查规则》（证监会公告〔2022〕21号）第二十一条、《关于上市公司建立内幕信息知情人登记管理制度的规定》（证监会公告〔2011〕30号）第十五条第一款第三项和《关于上市公司内幕信息知情人登记管理制度的规定》（证监会公告〔2021〕5号）第十六条第一款第三项的相关规定，对联建光电采取责令改正的行政监管措施。
要点	上市公司董事会专门委员会同样适用关联董事回避表决。

第三节　董事会工作机构

一、董事会秘书

1. 职能

董事会应设董事会秘书一名，董事会秘书为高级管理人员，对董事会负责，领导董事会办公室。董事会秘书按照公司章程和有关制度履行职权，负责董事会办公室的工作,列席董事会。董事会应当制定董事会秘书工作制度,具体规定董事会秘书的职权、义务、责任和有关工作流程等。

2. 履职规定

董事会秘书负责协助公司董事会加强中国特色现代企业制度和公司治理机制建设,组织开展公司治理研究;支撑和保障公司相关治理主体运作;列席股东会会议、董事会会议、董事长专题会、总经理办公会等重要决策会议以及董事会专门委员会会议、公司内部有关会议,党组织前置研究讨论重大经营管理事项时,应当列席;为履行职责,有权了解公司的财务和经营情况,查阅文件及要求有关部门和人员提供资料信息;加强对外部董事履职的支撑和服务;负责与各方股东、董事、监事的日常沟通联络;协助公司董事、监事、高级管理人员和其他相关人员接受公司治理相关培训。

3. 任职资格

董事会秘书应当符合"对党忠诚、勇于创新、治企有方、兴企有为、清正廉洁"的高素质国有企业领导人员要求,除具备拟任职企业领导人员管理规定要求的基本条件外,还应当具备的资格条件见表1-4。

表 1-4 董事会秘书资格条件

董事会秘书资格条件
• 1. 具备履行职责所必需的企业生产经营、财务、法律等专业知识,熟悉公司战略和改革发展要求以及拟任职企业的主营业务,熟悉相关行业发展和监管要求。
• 2. 具备履行职责所必需的工作经验,一般应具有基层单位正职工作经历,应当在二级正❶及以上岗位工作,履职业绩突出。
• 3. 具备良好的职业道德和个人品质,具有良好的守法合规记录;能严格遵守法律法规和公司章程,能够忠诚勤勉履行职责,并具有良好的公共事务处理能力。
• 4. 一般应当具有大学本科及以上学历。
• 5. 符合公司章程规定的其他资格条件。

---

❶ 二级正岗位要求源自《中国南方电网有限责任公司董事会秘书工作规则》(Q/CSG2021005—2023)第四条规定,各级子企业董事会秘书岗位工作资格条件按本单位制度规定执行。

董事会秘书任职负面条件见表1-5。

表 1-5   董事会秘书任职负面条件

董事会秘书任职负面条件
• 1. 存在《中华人民共和国公司法（2023年版）》第一百七十八条规定的任何一种情形。
• 2. 按照有关职位禁入规定、失信联合惩戒规定不得担任企业高级管理人员的。
• 3. 因违规违纪违法受到责任追究被免职或者解聘的原董事、监事和高级管理人员。
• 4. 企业现任监事。
• 5. 其他法律法规规定不得担任董事会秘书的情形。

4. 上市公司董事会秘书职责

上市公司的董事会秘书除履行上述职责，还应负责公司股东会和董事会会议的筹备、文件保管、公司股东资料管理、参加相关会议、查阅有关文件、了解公司的财务和经营等情况、办理信息披露等事宜。

◇ **实践案例：上市公司未按时披露年度业绩预告，董事会秘书被处以监管措施**

和仁科技（证券代码300550）❶	
主要事实	浙江和仁科技股份有限公司于2023年4月26日披露的2022年年度报告显示，公司2022年归属于上市公司股东净利润亏损83306464.12元。公司未按规定及时披露2022年度业绩预告。
监管措施	公司上述行为违反了《上市公司信息披露管理办法》（证监会令第182号）第三条、第十七条的规定。公司总经理赵晨晖、时任财务负责人张雪峰、董事会秘书章逸违反了《上市公司信息披露管理办法》（证监会令第182号）第四条、第五十一条规定，对上述违规行为应承担主要责任。根据《上市公司信息披露管理办法》（证监会令第182号）第五十二条规定，决定对公司、赵晨晖、张雪峰、章逸分别采取出具警示函的监督管理措施，并计入证券期货市场诚信档案。

---

❶ 《关于对浙江和仁科技股份有限公司及相关责任人员采取出具警示函措施的决定》。

	和仁科技（证券代码 300550）
要点	上市公司董事会秘书负责办理信息披露，上市公司信息披露不及时、不准确，董事会秘书亦未采取补救措施，可能被处以行政监管措施。

二、董事会办公室

1. 设立要求

根据实际需要，董事会可以设立董事会办公室作为董事会的办事机构。配备法律、财务等专业人员，作为董事会日常办事机构，负责筹备董事会会议，办理董事会日常事务。未单独设置董事会办公室的企业，应当明确具体部门承担相关职责。

2. 主要职能

董事会办公室具体负责筹备董事会和董事会专门委员会会议，承担股东相关工作的组织落实，为董事会运行提供支持和服务，指导子企业董事会建设工作。

第二章　董事会运行

第一节 董 事 会 运 作 机 制

一、决策机制

董事会会议实行集体审议、独立表决、个人负责的决策制度，表决实行一人一票。董事长要发扬民主、善于集中、敢于负责；参与决策人员要平等充分讨论并分别发表意见，主持人末位表态。会议决策多个事项时，应逐项研究讨论表决。

二、工作计划机制

1. 会议计划

董事会应制定董事会工作计划。公司可根据经营管理需要通过公司章程对董事会会议计划作出具体规定。董事会定期会议计划应在上年年底之前确定，会议计划细化事项至具体月份，减少临时开会或临时传签情形，每年至少召开四次董事会定期会议。董事会秘书应当于每年年末对下一年度董事会定期会议以及可预见的会议的召开时间、常规议案等进行统筹，制定下一年度董事会会议计划，报董事长确定。

2. 调研计划

董事会应制定调研计划，通过各种方式系统客观地收集信息并研究分析，为其作出更高效、更合理、更科学的决策提供支撑，确保公司发展扎实推进、稳步向前。外部董事召集人每年至少组织召开一次全体外部董事参加的研讨会，并围绕董事会决策合理提出全年调研计划。外部董事一年内在同一任职企业应至少开展一次专题调研并形成调研报告，调研应根据董事会决策需要，聚焦企业改革发展重大项目、重点工作、难点问题调研。调研原则上不作指示、不提要求，意见建议应向董事会、经理层反馈后由任职企业统一部署。

3. 培训计划

公司应当结合实际组织开展外部董事监事培训，每年为本单位派出的外部董事举办至少一次专题培训，持续提升董事履职能力。

三、工作报告机制

1. 董事会工作报告机制

董事会工作报告由董事会负责制订。董事长负责组织起草董事会年度工作报告并召集主持董事会讨论通过董事会年度工作报告，代表董事会向股东会报告年度工作。股东会负责审议和批准董事会的报告，报告期、报告次数等可通过章程自行确定。

2. 董事长工作报告机制

董事会根据有关规定和企业经营决策的实际需要将部分职权授予董事长行使，董事长需要履行以下工作报告义务：

（1）对于执行周期较长的事项，董事长应当根据授权有关要求向董事会报告执行进展情况。执行完成后，应当将执行整体情况和结果形成书面材料，向董事会报告。

（2）遇有特殊情况需对授权事项决策作出重大调整，或者因外部环境出现重大变化不能执行的，董事长应当及时向董事会报告。

（3）确因工作需要，董事长拟将董事会授权的职权转授时，应当向董事会汇报转授权的具体原因、对象、内容、时限等情况，经董事会同意后，履行相关规定程序。

（4）董事长应至少每半年向董事会报告行权情况，重要情况及时报告。

3. 总经理工作报告机制

总经理工作报告机制分为定期报告和专题报告两种形式，由总经理向董事会作工作报告，总经理工作报告由总经理办公室编制，要事先听取公司党组织意见。定期报告应于每年年初和年中进行，主要内容包括董事会授权事项行权情况、董事会决议执行情况、总经理履行职权情况以及其他需要报告的事项。专题报告适用于生产经营中发生的重大突发性事件。董事会授权总经理行使职权的工作报告义务参照董事会授权董事长行使职权的工作报告义务执行。

四、董事会授权决策机制

董事会应当坚持依法授权、按需授权、授权不免责和利益回避的原则，制定完善董事会授权管理制度、董事会授权决策方案，明确授权目的、授权对象、授权额度标准、具体事项、行权要求、授权期限、变更条件等授权具体内容和操作性要求，再根据管理要求制定授权清单。

《中华人民共和国公司法》规定的董事会职权原则上不得授予董事长、董事、其他机构或个人行使。某些具体决策事项确有必要授权的，应当通过董事会决议的方式依法进行。该种授权应当一事一授，不得将董事会职权笼统或永久授予其他机构或个人行使。企业集团财务公司参照适用此规定。

1. 授权管理制度

完善董事会授权管理规定，制定董事会授权负面清单。对于授权决策事项，党组织不作前置研究讨论，授权对象应当按照"三重一大"决策制度有关规定进行集体研究讨论，不得以个别征求意见等方式作出决策。对董事长授权决策事项，一般采取董事长召开专题会议形式集体研究讨论；对总经理授权决策事项，总经理应当召开办公会集体研究讨论。

2. 授权事项负面清单

董事会行使的法定职权、需提请股东（会）决定的事项等不可授权，董事会授权事项负面清单见表2-1。

表 2 - 1　　　　　　　　　　董事会授权事项负面清单

董事会授权事项负面清单
• 1. 召集股东会会议，执行股东会的决议，向股东会报告工作。 • 2. 制订公司发展战略纲要、中长期发展规划。 • 3. 决定公司高风险投资等投资项目和方案。 • 4. 制订公司利润分配方案和弥补亏损方案。 • 5. 决定公司年度工资总额和预算与清算方案。 • 6. 制订公司增加或者减少注册资本方案、发行公司债券方案。 • 7. 制订公司合并、分立、解散或者变更公司形式的方案。 • 8. 制订公司章程草案或者公司章程修改方案，制定公司基本管理制度（党的建设、纪检监督、巡察监督、干部管理、人才管理等基本制度除外）。 • 9. 决定公司总部部门、直属机构的设立、撤销。 • 10. 聘任或者解聘公司总经理、副总经理、总会计师以及董事会秘书、总法律顾问等高级管理人员。 • 11. 批准公司的风险管理体系、内部控制体系、合规管理体系和违规经营投资责任追究工作体系，聘任或者解聘公司内部审计机构的负责人，依法批准年度审计计划和重要审计报告。 • 12. 法律、行政法规、规章、规范性文件或者公司章程规定不得授权的其他事项。 • 13. 以上事项国务院国资委另有规定的，从其规定。

 ### 司法案例：董事会超越授权形成决议导致决议可撤销

珠海横琴航投一号投资管理中心（有限合伙）与天合国际融资租赁有限公司 决议撤销纠纷❶	
主要事实	原告珠海横琴航投一号投资管理中心（有限合伙）（以下简称珠海航投）作为被告天合国际融资租赁有限公司（以下简称天合公司）的股东，根据公司章程有权以单方意思决定委派董事组成公司董事会成员，无须经被告或其董事会同意。2021 年 11 月 1 日，原告收到被告发来的"第二届董事会第二十四次临时会议议案六：《关于审议罢免

---

❶ （2022）粤 0191 民初 1592 号。

	珠海横琴航投一号投资管理中心（有限合伙）与天合国际融资租赁有限公司 决议撤销纠纷
主要事实	王硕董事职务的议案》"，该议案事项不属于董事会可决议的事项，被告董事会对该事项进行审议属超越职权。被告在明知违反公司章程规定及法律规定的情况下，仍于 2021 年 11 月 3 日强行表决通过《董事罢免议案》，并形成董事会决议。
法院认定	法院认为：公司章程第三十五条规定董事会作为公司最高权力机构。但公司章程未授权董事会具有提议罢免董事的相关职权。……天合公司在原告珠海航投未同意的情况下，解除珠海航投委派的董事王硕，违反了公司章程，损害珠海航投作为股东的权利，属于可请求撤销的事项。
要点	董事会违反公司章程、超越授权形成的决议属于可撤销决议。

五、董事会专门委员会工作机制

董事会专门委员会应对职责范围内事项开展研究，为董事会提供决策意见、建议。高级管理人员和各部门相关人员有义务为董事会及其专门委员会提供工作支持和服务，应当根据董事会和专门委员会的要求起草有关草案，提供有关文件、信息和其他资料。

专门委员会会议应有三分之二以上成员出席方可举行。一般应当以现场会议方式召开，也可采取视频方式召开。委员因故不能出席的，可委托他人参会并宣读本人签署的书面意见。当委员会所议事项与委员会委员存在利害关系时，该委员应当回避。

委员会会议由主任主持，实行主持人末位表态制。审议事项经全体应出席会议的委员过半数同意为通过或原则通过。委员会会议存在不同意见的，应向董事会逐一作出说明。

六、董事长专题会工作机制

董事会授权事项应当按照"三重一大"决策制度有关规定进行集体研究讨论，不得以个人或者个别征求意见等方式作出决策。董事会授权董事长决策事项，董事长应当召开专题会集体研究讨论。董事长专题会由公司董事长召集和主持，公司内部董事、所议事项的公司分管领导出席，公司纪委书记、总法律顾问、董事会秘书、议案相关部门负责人列席。表决实行一人一票和主持人末位表态制，赞成票达到应出席人员半数以上为通过。

第二节　董事会开会程序：会前

一、提议召开

三分之一以上董事提议、监事会（不设监事会的公司的监事）提议、股东（会）认为有必要、公司章程规定的其他情形出现时，应当召开董事会临时会议。上市公司或保险机构等特殊公司有特殊规定的除外。

二、议案准备

可以提出董事会会议议案的主体包括董事长、三分之一以上的董事、董事会专门委员会、总经理、两名以上监事以及法律法规、公司章程规定的其他主体。

议案可分为报告类、规划计划类、项目类、财务类、管理类、其他类。议案提交董事会决策前应经过必要的研究论证程序，充分吸收各方面意见，研究论证程序包括但不限于以下内容：

（1）涉法议案应报公司法律管理部门进行合法合规性审查，并获得合法合规性审核意见。

（2）议案应在董事长、总经理及有关领导人员范围内达成共识。

（3）涉及公司重大经营管理事项的，必须经公司党委前置研究讨论。

（4）涉及公司职工切身利益的，应当通过职工代表大会或者其他民主形式听取职工的意见或建议。

（5）涉及特别重大事项的，可视情况安排外部董事调研。

（6）属于专门委员会职责范畴内的，一般应提交相应的专门委员会研究审议，提出审议意见。

议案内容应当注重"四个研判"和"三个是否"。"四个研判"指研判决策事项的合法合规性、研判决策事项与出资人要求的一致性、研判决策事项与企业发展战略的契合性、研判决策事项风险与收益的综合平衡性。"三个是否"指决策事项是否有利于提高企业核心竞争力和增强核心功能，决策事项是否有利于促进中央企业在建设现代产业体系、构建新发展格局中发挥科技创新、产业控制、安全支撑作用，决策事项是否能够推动企业实现高质量发展。

董事会办公室应当于定期会议召开日期前三十日、临时会议召开前十五日发出征集议案通知，征集拟提交本次董事会会议审议的议案。提案人应当至少在定期会议召开十五日前、临时会议召开十日前将议案报审表提交董事会办公室。因情况紧急需要尽快召开董事会临时会议的，提案人可以随时向董事会办公室提交议案。

董事会办公室收到议案报审表后，完成议案初审并报送董事会秘书；董事会秘书完成议案审核，并充分征集各位董事意见后，报送董事长审定。党组前置研究讨论已完成议案审批程序的，视同为已完成董事会议案审定。董事会办公室汇总议案审核情况，经董事会秘书审核后，报董事长确定。董事会议案应当准确对应本企业治理主体权责清单条款上会。会议议案材料应当完整齐全、不缺页漏页。

上市公司关联交易等潜在重大利益冲突事项在提交董事会审议前，应当召开全部由独立董事参加的专门会议对相关事项进行事前认可。

三、会前预沟通

进入董事会的党组织领导班子成员或经理层成员、董事会秘书应按照党组织意见和建议方案与董事会成员进行充分沟通。对于重大复杂决策事项，可在酝酿阶段邀请外部董事提前介入，一般需要召开外部董事沟通会，深入研究、科学论证。其他决策事项可以根据实际情况，灵活采用"一对一"等多种方式沟通，做到"不沟通不上会、沟通不充分不上会"。

金融机构对于重大事项议案，股权董事应当在正式报送书面审议意见之前，与派出机构进行预沟通，并结合预沟通情况和专业判断对议案内容、董事会召开时间等提出意见建议。

四、咨询程序

董事会可以根据需要聘请有关专家或者咨询机构，为董事会提供专业咨询意见，费用由公司承担。

五、法律审核

公司设总法律顾问，由董事会聘任，发挥在经营管理中的法律审核把关作用，推进公司依法经营、合规管理。未经法律审核的重大经营决策事项，不得提交决策会议审议。法律审核工作成果须作为决策会议材料、上报审批材料的附件。针对反垄断、反商业贿赂、生态环保、安全生产、劳动用工、税务管理、数据保护等重点领域以及合规风险较高的业务，应制定合规管理具体制度或者专项指南。

董事会议案涉及法律问题的，总法律顾问或法律管理部门负责人应列席并提出法律意见，合规审查意见应由总法律顾问（合规官）或未设总法律顾问（合规官）单位的法治建设第一责任人签字，并对决策事项的合规性提出明确意见。

法律审核流程与董事会会议召开流程的关系如图 2-1 所示。

六、民主程序

健全以职工代表大会为基本形式的民主管理制度，探索职工参与管理的

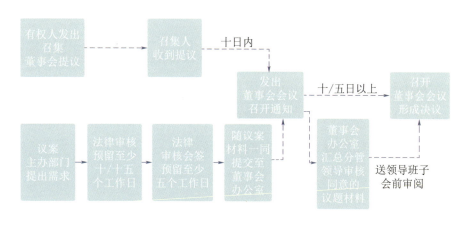

图 2-1 法律审核流程与董事会会议召开流程的关系

有效方式，推进厂务公开、业务公开，保障职工知情权、参与权、表达权、监督权，维护职工合法权益。重大决策应当听取职工意见，涉及职工切身利益的重大问题必须经过职工代表大会或者职工大会审议。坚持和完善职工董事制度、职工监事制度，保证职工代表有序参与公司治理。

职工代表大会是企业实行民主管理的基本形式，是职工行使民主管理权利的机构。国有企业要健全以职工代表大会为基本形式的企业民主管理制度，支持和保证职工代表大会依法行使职权，加强职工民主管理与监督，维护职工合法权益。

职工代表大会行使审议建议权、审议通过权、监督评议权、民主选举权等职权。一般在董事会召开前，职工代表大会对企业重要事项行使审议建议权，在审议的基础上，提出意见和建议。

董事会要尊重职工代表的民主权利，重视职工代表大会提出的建议和意见，支持职工代表大会依法行使职权。企业重大决策必须及时向职工代表通报，企业重大改革措施出台前必须广泛征求职工意见，涉及职工切身利益的重大事项必须提请职工代表大会审议通过。国有独资或国有控股企业改制为非国有企业的方案，必须提交职工代表大会讨论，其中职工安置方案要经过职工代表大会审议通过后方可实施。

七、召集和主持

董事会会议由董事长召集和主持；董事长不能履行职务或者不履行职务的，由副董事长召集和主持；副董事长不能履行职务或者不履行职务的，由过半数董事共同推举一名董事召集和主持。对于董事长选出前的第一次董事会会议，习惯上一般由得票数最多的董事召集。

八、通知

董事会定期会议召开前十日应将通知和所需的文件、信息及其他资料送达全体董事、监事及其他列席人员；董事会临时会议召开前五日应将通知和所需的文件、信息及其他资料送达全体董事、监事及其他列席人员。

《中央企业公司章程指引（试行）》与《南方电网公司不同治理结构公司治理范本》及《中国南方电网有限责任公司董事会议事规则》中的规定区别见表2-2。

表 2-2　　　　　　　　规 定 区 别

会议通知要求	《中央企业公司章程指引（试行）》	《南方电网公司不同治理结构公司治理范本》及《中国南方电网有限责任公司董事会议事规则》
适用对象	中央企业	南方电网公司及各级分子公司
定期会议	召开**十日**前送达全体董事、监事及其他列席人员	与对中央企业的要求相同，较《中华人民共和国公司法》增加了"其他列席人员"作为通知对象
临时会议	召开**五日**前送达全体董事、监事及其他列席人员	与对中央企业的要求相同，较《中华人民共和国公司法》增加了"其他列席人员"作为通知对象
紧急事项	——	经董事长或合规产生的召集人决定可以随时电话或口头通知召开，会议上召集人应作出说明
后通知义务	——	董事收到会议通知后，应当将是否出席及是否由本人出席的情况，于会议召开三日前告知董事会工作部门

司法案例：通知期限违法及主持主体违法是否导致决议可撤销

	刘某诉科普诺（北京）科技发展有限公司撤销股东会决议案❶
主要事实	刘某系 A 公司股东。2008 年 6 月，A 公司召开股东会并作出决议，免去了刘某的执行董事、经理职务，并选举喻某为新任执行董事。刘某遂诉至法院，称本次股东会的召集程序存在以下问题：①仅提前两日通知，不足十五日；②会议召集者和主持人不符合法律规定；③股东会召开过程中不能临时增加议题；④自己离开临时股东会会场时，会议并未就执行董事和经理的任免进行表决。
法院认定	法院认为：第一，虽然最终会议召开时间实际距离通知时间仍未满十五日，但时间系双方协商一致后共同认可的，会议通知时间上存在的瑕疵已得到救济，并不影响股东会决议的效力；第二，《中华人民共和国公司法》规定股东会由执行董事召集和主持，而本次会议实际由喻某召集和主持，属于程序违法；第三，《中华人民共和国公司法》第一百零三条规定，股份公司的股东大会不得对通知中未列明的事项作出决议，但对有限责任公司无此限制；第四，对于刘某离开会场时，各方是否已经开始就人事任免问题进行表决，因证据不足，法院不予确认。综上所述，会议召集程序中确实存在违法之处，法院最终判决撤销股东会决议。二审法院维持原判。
要点	通知时间短于《中华人民共和国公司法》规定的通知时间、会议的召集和主持主体未按《中华人民共和国公司法》规定的先后顺序召集主持会议均属于程序违法，**但是否属于可撤销决议需要判断该程序违法是否实质影响决议效力**。因此，治理主体会议需严格按照《中华人民共和国公司法》及公司章程规定的通知期限完成通知程序。

九、暂缓或取消上会

董事可以提出缓开董事会会议和暂缓对所议事项进行表决的建议，若三分之一以上董事认为资料不充分或者论证不明确时，可以书面形式联名提出缓开董事会会议或者缓议董事会会议所议议案，董事会应当采纳。同一议案

❶ （2009）一中民终字第 929 号。

39

提出缓议的次数不得超过两次。同一议案提出两次缓议之后，提出缓议的董事仍认为议案有问题的，可以在表决时投反对票，或者按照有关规定向有关机构和部门反映和报告。

重大投资项目议案应当包含公司投资管理规定列明的项目投资决策材料，董事发现议案材料缺失的，可以要求暂缓上会。提交董事会审议的重大事项必须列示党组织前置研究讨论意见，确保董事会准确理解把握党组织意图，在大方向大原则上与党组织保持同频共振，落实好党的主张。

上市公司两名及以上独立董事认为会议材料不完整、论证不充分或者提供不及时的，可以书面向董事会提出延期召开会议或者延期审议该事项，董事会应当予以采纳，上市公司应当及时披露相关情况。

第三节　董事会开会程序：会中

一、会议出席

董事会会议应当有过半数董事且过半数外部董事出席方可举行。除不可抗力等特殊情况以外，董事每年度出席董事会会议次数不得少于会议总数的四分之三。董事本人无故未出席董事会会议，亦未委托其他董事代为出席的，视为弃权，不免除责任。

 实践案例：上市公司董事会会议签到记录不规范被责令整改

沐邦高科（证券代码603398）	
主要事实	沐邦高科第三届董事会第十五次会议，存在通信出席董事会的董事在会议签到册签到的情况；第三届董事会第三十一次会议，存在亲自出席董事会的董事未在会议签到册签到的情况。上述行为违反《上市公司治理准则》（证监会公告〔2018〕29号）第三十二条的规定。

沐邦高科（证券代码 603398）	
后果	沐邦高科 5 月 9 日公告显示，公司于当日收到江西证监局下发的《关于对公司采取责令改正措施的决定》。决定中提及沐邦高科存在公司治理不规范的情形，其中包括董事会会议签到记录不规范，反映了公司在规范运作、信息披露方面存在问题，江西证监局根据《上市公司现场检查规则》（证监会公告〔2022〕21 号）第二十一条的规定，决定对公司采取责令改正的监管措施。
要点	上市公司董事会会议签到记录不规范可能导致监管措施。

二、委托出席管理

董事本人因故不能出席董事会会议的，可以书面委托其他董事代为出席。委托人应当事先认真审阅议案材料，形成明确意见，并在委托书中载明授权范围、代为表决的意见、授权的期限等。外部董事不得委托非外部董事代为出席。上市公司独立董事不得委托非独立董事代为投票。

 司法案例：董事会委托出席需书面委托其他董事

涂科凤、王磊、杜彬等公司决议撤销纠纷一审民事判决书❶	
主要事实及法院认定	2017 年 12 月 1 日，成都鹏格文化发展股份有限公司（以下简称鹏格公司）《董事会决议》载明的参加人员中连仕成并非为鹏格公司的董事，且分别代董事康小梅、雷音、王＊＊签字的他人均不是鹏格公司的董事，根据《中华人民共和国公司法》第一百一十二条"董事会会议，应由董事本人出席；董事因故不能出席，可以**书面委托其他董事代为出席**，委托书中应载明授权范围"的规定以及鹏格公司章程

---

❶ （2021）川 0104 民初 4816 号。

续表

涂科凤、王磊、杜彬等公司决议撤销纠纷一审民事判决书❶	
主要事实及法院认定	的规定。2017 年 12 月 1 日的鹏格公司董事会仅有符合规定的董事吴泽涛出席。根据《中华人民共和国公司法》第一百一十一条"董事会会议应有过半数的董事出席方可举行。董事会作出决议，必须经全体董事的过半数通过"的规定，以及鹏格公司章程的规定和 2013 年 2 月 26 日的《股东会决议》，鹏格公司的董事共七人，而鹏格公司 2017 年 12 月 1 日的董事会仅能认定董事吴泽涛出席，未达到法定出席人数，鹏格公司也未能提供有效证据证明该次决议经全体董事的过半数通过。根据《最高人民法院关于适用〈中华人民共和国公司法〉若干问题的规定（四）》第五条第（三）项、第（四）项、第（五）项的规定，涂科凤、王磊、杜彬、赵飞、胡万民主张鹏格公司 2017 年 12 月 1 日作出的《董事会决议》不成立。
要点	董事本人不能出席的，需要**书面委托其他董事代为出席**，此规范包含两层内容，一是委托出席需要书面委托且明确授权范围；二是只能委托其他董事而非任何人。未书面委托或受托人非董事的，不能计入出席人数，可能导致决议因未达到法定出席人数而不成立。

三、会议列席

经理层成员应列席董事会会议，监事可以列席董事会会议，公司纪委书记（纪检监察组组长）可列席董事会和董事会专门委员会的会议。董事会可根据需要邀请公司高级管理人员、相关业务部门负责人和专家等有关人员列席，对涉及的议案进行解释、提供咨询或者发表意见、接受质询。审议事项涉及法律问题的，总法律顾问应当列席并提出法律意见。董事会秘书应当列席董事会会议。"科改企业"首席技术专家、技术总监等核心科技骨干可以列席企业重要决策会议。公司治理及议案有关部门按需派出董事会观察员，依法依规列席子企业董事会。

四、回避制度

董事与董事会会议决议事项有关联关系的，如涉及关联交易、董事个人评价和报酬、股权激励（员工持股）以及再融资向特定对象发行证券等，该关联董事不得对该项决议行使表决权，也不得代理其他董事行使表决权。除上述回避情形，在不违反法律法规强制性规定情况下，公司可自行决定关联董事回避表决。关联董事虽不可表决，但可以参与审议，该董事会会议需由过半数的无关联关系董事出席方可举行，董事会会议所作决议须经全体无关联关系董事过半数通过。出席董事会的无关联关系董事人数不足三人的，应将该事项提交股东会审议。

 司法案例：关联董事未回避表决是否导致决议当然无效

贵州东圣恒泰矿业投资管理有限公司与兖矿贵州能化有限公司等 公司决议及公司关联交易损害责任纠纷上诉案❶	
主要事实	贵州东圣恒泰矿业投资管理有限公司（以下简称东圣公司）《第一届第二次董事会决议》第 3 项、第 6 项内容系审议批准东圣公司收购贵州海隆矿业投资有限公司（以下简称海隆公司）并授权公司法定代表人王刚负责组织收购工作，东圣公司《临时股东会议决议》内容系通过上述董事会决议内容。北京金最矿业投资有限公司（以下简称金最公司）既是东圣公司股东，又是东圣公司拟收购的海隆公司的控股股东；而海隆公司另一股东沈阳东陶矿业投资有限公司（以下简称东陶公司），其法定代表人王刚又是东圣公司法定代表人、董事；金最公司法定代表人潘刚、海隆公司董事长及法定代表人贾昌涛、海隆公司财务总监 L 某某同时又均是东圣公司董事，故东圣公司董事会、股东会决议内容中关于收购海隆公司并授权王刚组织收购工作的行为，属于公司关联交易，参与表决的董事及股东代表与决议事项有关联关系。

❶ （2017）最高法民终 416 号。

续表

贵州东圣恒泰矿业投资管理有限公司与兖矿贵州能化有限公司等 公司决议及公司关联交易损害责任纠纷上诉案	
法院认定	最高院认为，东圣公司董事会、股东会作出关于收购海隆公司并授权王刚组织收购工作的决议，参与表决的董事及股东代表与决议事项有关联关系，确属于公司关联交易。但涉及关联交易的决议无效，还需要违反《中华人民共和国公司法》第二十条第一款"公司股东应当遵守法律、行政法规和公司章程，依法行使股东权利，不得滥用股东权利损害公司或者其他股东的利益"和第二十一条第一款"公司的控股股东、实际控制人、董事、监事、高级管理人员不得利用其关联关系损害公司利益"之规定判定，也即须判定公司决议是否系股东滥用股东权利，以及是否损害公司或其他股东利益，而不能仅因涉及关联交易，辄认定股东会、董事会决议当然无效。 本案中，东圣公司董事会及股东会决议作出时，各方董事及股东代表均参加会议并一致同意表决通过，对决议内容未提出异议。参与表决的董事及股东代表与决议事项虽具有关联关系，但法律并未对其行使表决权作出限制，并不能因此认定其行为构成滥用股东权利。至于董事会或股东会的召开是否违反公司章程关于会议召集程序的相关规定，应为董事会或股东会决议撤销的事由，不属于对相关决议效力认定的依据。 另就案涉决议内容而言，其中关于收购海隆公司并授权王刚组织收购工作的内容并未涉及具体的交易条件等事项，现有证据不能证明该决议内容损害了公司或其他股东的利益。
要点	非上市公司董事与董事会会议决议事项所涉及的企业有关联关系，但仍行使了表决权的，该决议并不当然无效。只有违反了《中华人民共和国公司法》第二十条第一款"公司股东应当遵守法律、行政法规和公司章程，依法行使股东权利，不得滥用股东权利损害公司或者其他股东的利益"才会导致该决议无效。

新闻案例："万宝之争"中的董事回避表决

"分母之争"

万科企业股份有限公司（以下简称万科）于 2016 年 6 月 17 日召开第十七届董事会第十一次会议，审议了深圳市地铁集团有限公司（以下简称地铁集团）拟认购万科拟增发的股份的相关事项。根据万科发布的公告，本次董事会共审议与本次交易相关的议案 12 项，亲自及授权出席的董事十一名，其中，独立董事张利平向董事会书面申明：就本次董事会审议的 12 项议案，由于其本人任职的美国黑石集团正在与万科洽售在中国的一个大型商业物业项目，带来潜在的关联与利益冲突，存在《公司章程》第 152 条第 2 款所述之关联关系，不得对该等 12 项议案予以表决，特此回避 12 项议案之投票表决。剩余十名董事或其授权代表对相关议案进行了表决，与本次交易有关的议案表决结果如下：赞成票 7 票、反对票 3 票、弃权票 0 票。

本案的最大争议点在于该董事会决议是否满足三分之二比例通过的要求，计算时总票数应适用全体董事会十一人还是排除已经回避的张利平后的十人。若适用前者则表决通过比例不满足三分之二的要求，决议不成立，若适用后者则已经满足了三分之二的表决权通过比例要求，决议成立且有效。

独立董事张利平是当时万科的大股东华润推荐产生的，在董事会关于万科与深圳地铁重组预案投票时，华润方面原以为张利平一票已经通过私下说服搞定，并对否决重组预案信心满满的情况下，独立董事张利平基于良心发现选择了回避而非投弃权票，投票的结果令华润方面甚为惊讶，由此也对万科管理层极为不满，甚至通过对董事会程序上的吹毛求疵意图推翻董事会决议的有效性。

五、会议表决

董事会会议议案一般由经理层成员汇报。董事会决议的表决，实行一人一票，可采用举手表决或记名式投票表决。董事可以表示同意、反对、弃权。表示反对、弃权的，必须说明具体理由并记载于会议记录。列席董事会会议的人员没有表决权。

一般情况下，董事会应当采取现场会议形式进行决策。董事会会议以现场方式召开的，董事当场对议案进行表决，之后由会议主持人当场宣布表决结果。董事会会议以非现场方式召开的，董事应当在规定的期限表决，并将书面意见送达董事会工作部门。董事会秘书在表决时限结束的下一个工作日，通知董事表决结果。董事会审议议案应当"一事一议"，按照会议通知列明的议案顺序逐项审议表决，坚持专业意见优先、外部董事优先、董事长最后发言的原则，全体董事均应当对议案发表具体意见。董事会决议的表决应重点聚焦"四个研判"和"三个是否"。

董事会决议分为普通决议和特别决议。董事会通过普通决议时，应当经董事会全体成员过半数同意；通过特别决议时，应当经董事会全体成员三分之二以上同意。以下事项须经特别决议通过：

（1）制订公司增加或者减少注册资本的方案。

（2）制订公司合并、分立、解散或变更公司形式的方案。

（3）制订公司章程草案和公司章程的修改方案。

（4）决定非主业重大投资方案。

（5）法律、行政法规或股东规定的应当通过特别决议通过的事项。

决议通过所需表决权规定对比见表 2-3。

表 2-3　　　　　　　决议通过所需表决权规定对比

决议通过所需表决权规定对比			
《中华人民共和国公司法》有限责任公司	《中华人民共和国公司法》股份有限公司	《中央企业公司章程指引（试行）》	
章程规定	公司全体董事的过半数通过	普通决议	特别决议
		公司全体董事的过半数通过	公司全体董事的三分之二多数通过

司法案例：未现场召开会议导致决议不成立

环球天成科技（无锡）有限公司、宁波梅山保税港区国融开泰投资管理 **合伙企业公司决议效力确认纠纷❶**	
主要事实及 法院认定	法院认为，首先，环球天成科技（无锡）有限公司（以下简称环球天成公司）的章程规定，定期董事会会议召开之前至少十日或每次临时董事会会议召开之前至少五日以专人送达、邮寄方式或者传真方式将会议日期、地点和内容通知全体董事，并说明审议事项。环球天成公司没有证据证明召开涉案董事会履行了章程规定的程序。董事会决议系多方主体的决议行为，"多数决"的正当性就在于程序正义，会议召集程序不符合规定将导致部分股东无法获知会议的召开信息，也使得相关股东因不知晓会议决议的存在而无法及时主张权利救济。其次，环球天成公司在二审中明确涉案争议董事会会议没有进行现场召开，仅是以电话方式征求了各位董事的意见。由此可见，本次董事会会议既未举行现场会议，又未举行线上会议，而仅是通过电话方式单独征求了董事的意见，各位董事并未共同对决议事项展开评议，因此，涉案争议董事会决议的形成实质上并未召开会议。根据《中华人民共和国公司法》解释的相关规定，公司未召开会议形成的董事会决议不成立。……根据《中华人民共和国公司法》规定，公司根据董事会决议已办理变更登记的，该决议被法院认定无效或撤销后，公司应当向公司登记机关申请撤销变更登记。涉案董事会决议不成立，应当参照适用上述法律规定。
要点	1. 董事会决议重在议，分别单独征求董事的意见，各董事并未共同对决议事项展开评议，实质上相当于未召开会议，决议不成立。 2. 董事会决议不成立，参照适用《中华人民共和国公司法》"公司根据董事会决议已办理变更登记的，该决议被法院认定无效或撤销后，公司应当向公司登记机关申请撤销变更登记"的规定。 3. 如果要保留紧急情况下电话会议或者传签通过董事会决议的决议方式，则应该在章程中明确。

---

❶ （2021）苏 02 民终 7604 号。

六、会议决议

董事会决议应当列明会议召开时间、地点、董事出席情况、决议内容和具体投票表决结果，并附出席会议的全体董事签字。董事会决议成立应当满足以下条件：召开董事会会议；对会议决议事项进行表决；出席会议的董事符合法律规定或公司章程；行使表决权的董事人数、决议通过比例符合法律法规或公司章程要求。

董事会决议在内容和程序上存在效力性瑕疵的，可能导致法律的否定性评价，被称为决议瑕疵。《中华人民共和国公司法》规定的决议瑕疵有决议无效、决议可撤销及决议不成立三种类型。

1. 决议无效

董事会决议内容违反法律、行政法规的无效。公司股东、董事、监事等可向人民法院提起确认董事会决议内容无效的确认之诉。

2. 决议可撤销

董事会会议的召集程序、表决方式违反法律、行政法规或者公司章程，或者决议内容违反公司章程的，决议可撤销。公司股东可以自决议作出之日起六十日内，向人民法院提起撤销董事会决议的形成之诉。但会议召集程序或者表决方式仅有轻微瑕疵，且对决议未产生实质影响的，人民法院不予支持。

3. 决议不成立

董事会决议未召开会议的、会议未对决议事项进行表决的、出席会议的人数不符合《中华人民共和国公司法》或者公司章程规定的、会议的表决结果未达到《中华人民共和国公司法》或者公司章程规定的通过比例的，决议不成立。公司股东、董事、监事等可向人民法院提起确认董事会决议不成立的确认之诉。

司法案例：决议瑕疵的判定依据

	李建军诉上海佳动力环保科技有限公司公司决议撤销纠纷案❶
主要事实	原告李建军诉称：被告上海佳动力环保科技有限公司（以下简称佳动力公司）免除其总经理职务的决议所依据的事实和理由不成立，且董事会的召集程序、表决方式及决议内容均违反了《中华人民共和国公司法》的规定，请求法院依法撤销该董事会决议。 　　被告佳动力公司辩称：董事会的召集程序、表决方式及决议内容均符合法律和章程的规定，故董事会决议有效。 　　法院经审理查明：原告李建军系被告佳动力公司的股东，并担任总经理。佳动力公司股权结构为：葛永乐持股 40%，李建军持股 46%，王泰胜持股 14%。三位股东共同组成董事会，由葛永乐担任董事长，另两人为董事。公司章程规定：董事会行使包括聘任或者解聘公司经理等职权；董事会须由三分之二以上的董事出席方才有效；董事会对所议事项作出的决定应由占全体股东三分之二以上的董事表决通过方才有效。2009 年 7 月 18 日，佳动力公司董事长葛永乐召集并主持董事会，三位董事均出席，会议形成了"鉴于总经理李建军不经董事会同意私自动用公司资金在二级市场炒股，造成巨大损失，现免去其总经理职务，即日生效"等内容的决议。该决议由葛永乐、王泰胜及监事签名，李建军未在该决议上签名。
法院认定	法院生效裁判认为：从召集程序看，佳动力公司于 2009 年 7 月 18 日召开的董事会由董事长葛永乐召集，三位董事均出席董事会，该次董事会的召集程序未违反法律、行政法规或公司章程的规定。从表决方式看，根据佳动力公司章程规定，对所议事项作出的决定应由占全体股东三分之二以上的董事表决通过方才有效，上述董事会决议由三位股东（兼董事）中的两名表决通过，故在表决方式上未违反法律、行政法规或公司章程的规定。从决议内容看，佳动力公司章程规

❶　（2010）沪二中民四（商）终字第 436 号。

续表

李建军诉上海佳动力环保科技有限公司公司决议撤销纠纷案	
法院认定	定董事会有权解聘公司经理，董事会决议内容中"总经理李建军不经董事会同意私自动用公司资金在二级市场炒股，造成巨大损失"的陈述，仅是董事会解聘李建军总经理职务的原因，而解聘李建军总经理职务的决议内容本身并不违反公司章程。 董事会决议解聘李建军总经理职务的原因如果不存在，并不导致董事会决议撤销。首先，《中华人民共和国公司法》尊重公司自治，公司内部法律关系原则上由公司自治机制调整，司法机关原则上不介入公司内部事务；其次，佳动力公司的章程中未对董事会解聘公司经理的职权作出限制，并未规定董事会解聘公司经理必须要有一定原因，该章程内容未违反《中华人民共和国公司法》的强制性规定，应认定有效。因此，佳动力公司董事会可以行使公司章程赋予的权力作出解聘公司经理的决定。故法院应当尊重公司自治，无需审查佳动力公司董事会解聘公司经理的原因是否存在，即无需审查决议所依据的事实是否属实，理由是否成立。综上，原告李建军请求撤销董事会决议的诉讼请求不成立，依法予以驳回。
要点	人民法院判断决议是否有瑕疵的依据仅限于会议召集程序、表决方式是否违反法律、行政法规或者公司章程，以及决议内容是否违反公司章程。在未违反上述规定的前提下，决议所依据的事实是否属实，理由是否成立，不属于司法审查范围，不属于决议瑕疵的依据。

 司法案例：会议召集程序和表决形式的重要性

三亚保力房地产投资开发有限公司等与三亚保力房地产投资开发有限公司等公司决议撤销纠纷再审申请案❶	
主要事实	海南省三亚保力房地产投资开发有限公司（以下简称保力公司）股东为海南天久置业有限公司（以下简称天久公司）和宝恒投资有限公司（以下简称宝恒公司），各自出资比例为90%和10%。保力公司

---

❶　（2016）最高法民申 300 号。

	三亚保力房地产投资开发有限公司等与三亚保力房地产投资开发有限公司等公司决议撤销纠纷再审申请案
主要事实	提交邮寄快递单，拟证明其已通知股东宝恒公司参加股东会临时会议。但该邮寄快递单显示无人签收。既无法显示该通知已有效送达至宝恒公司，也无法显示邮寄的内容。保力公司主张其已经以邮寄的方式通知董事参加董事会，但其提交的三份邮寄单上均注明为退回。既无法显示该通知已有效送达董事，也无法显示邮寄的内容。 保力公司以在《西藏日报》刊登通知的方式向股东、董事、监事发出董事会、监事会、股东会通知，落款时间为2014年1月4日，会议时间定为2014年1月17日（距会议召开日期不足法定的十五日）。宝恒公司向法院诉请撤销保力公司涉案的临时股东会决议、董事会决议、董事会临时会议决议、股东会临时会决议。
法院认定	最高院认为，保力公司只有天久公司与宝恒公司两个股东，且天久公司为持有90%股份的大股东，在宝恒公司未参加临时股东会和董事会的情形下，临时股东会和董事会的召集程序和表决方式应认为存在重大瑕疵，形式上虽有临时股东会决议和董事会决议存在，实质上的临时股东会决议和董事会决议应认为不存在。即未经依法召开股东会或董事会并作出会议决议，而是由实际控制公司的股东单方召开或虚构公司股东会、董事会及其会议决议的，即使该股东实际享有公司绝大多数的股份及相应的表决权，其单方形成的会议决议不能具有相应效力。
要点	公司召开股东会、董事会、监事会，应该严格按照《中华人民共和国公司法》的规定和公司章程的约定进行。由实际控制公司的股东单方召开或虚构公司股东会、董事会及其会议决议的，即使该股东实际享有公司绝大多数的股份及相应的表决权，其单方形成的会议决议不能具有相应效力。

司法案例：决议瑕疵之诉的时限限制

王雨峰等诉黄锦春公司决议效力确认纠纷案❶	
主要事实及法院认定	法院认为：关于黄锦春提起本案诉讼的时效问题。《中华人民共和国公司法》第二十二条第一款规定公司股东会、董事会的决议内容违反法律、行政法规的无效；第二款则规定了股东会、董事会的会议召集程序、表决方式违反法律、行政法规或者公司章程，或者决议内容违反公司章程而可以撤销的情形，该可撤销情形适用六十日时限限制。可见，《中华人民共和国公司法》并未规定确认股东会决议无效应受六十日时限限制。本案所涉股东会决议属无效决议，黄锦春提起的是确认股东会决议无效之诉，并非撤销股东会决议之诉。故王雨峰主张黄锦春请求法院撤销股东会决议早已超过时效，于法无据。 　　当事人向人民法院请求确认股东会决议无效的不受六十日时限限制，请求确认决议可撤销的需受六十日时限限制。
要点	股东会、董事会的会议召集程序、表决方式违反法律、行政法规或者公司章程，或者决议内容违反公司章程的，股东可以自决议作出之日起六十日内请求人民法院予以撤销，超出六十日的，人民法院不予支持。

七、会议记录

　　董事会会议记录应当规范、完整、真实、准确，出席会议的董事、董事会秘书应当在会议记录上签字。表示反对、弃权的董事，必须说明具体理由并记载于会议记录。股份有限公司董事会决议违法、违规、违章、违反股东会决议导致公司重大损失，参与决议的董事需承担赔偿责任，表决时曾表明异议并记载于会议记录的董事可豁免赔偿责任。

---

❶　（2014）苏审二商申字第 00393 号。

✦ 司法案例：因未提供会议记录等材料无法证明董事会决议成立最终败诉

王蓁与北京财鲸信息技术有限公司公司决议纠纷一审民事判决书❶	
主要事实及法院认定	关于 2020 年 5 月 21 日的董事会决议效力，根据《中华人民共和国公司法》第四十六条之规定，董事会对股东会负责，行使下列职权：（九）决定聘任或者解聘公司经理及其报酬事项，并根据经理的提名决定聘任或者解聘公司副经理、财务负责人及其报酬事项。根据第四十八条之规定，董事会的议事方式和表决程序，除本法有规定的外，由公司章程规定。董事会应当对所议事项的决定作成会议记录，出席会议的董事应当在会议记录上签名。董事会决议的表决，实行一人一票。《最高人民法院关于适用〈中华人民共和国公司法〉若干问题的规定（四）》第五条规定，股东会、董事会决议存在下列情形之一，当事人主张决议不成立的，人民法院应当予以支持：（一）公司未召开会议的，但依据公司法第三十七条第二款或者公司章程规定可以不召开股东会而直接作出决定，并由全体股东在决定文件上签名、盖章的除外；（二）会议未对决议事项进行表决的；（三）出席会议的人数或者股东所持表决权不符合公司法或者公司章程规定的；（四）会议的表决结果未达到公司法或者公司章程规定的通过比例的；（五）导致决议不成立的其他情形。本案中，根据已查明的事实，财鲸技术公司章程第十七条规定，董事会决议的表决，实行一人一票。三分之一以上的董事可以提议召开董事会会议，并于会议召开前十日通知全体董事。财鲸技术公司认可召开 2020 年 5 月 21 日董事会时未通知王蓁，且财鲸技术公司亦未提交召开该次董事会议的通知、会议记录、会议录音录像等证据证明该次董事会确实实际召开，2020 年 5 月 21 日的董事会决议欠缺成立要件，故王蓁主张 2020 年 5 月 21 日的董事会决议不成立的诉讼请求，本院予以支持。

---

❶ （2020）京 0105 民初 59279 号。

续表

	王蓁与北京财鲸信息技术有限公司公司决议纠纷一审民事判决书
要点	《中华人民共和国公司法》第四十八条规定董事会应当对所议事项的决定作成会议记录，出席会议的董事应当在会议记录上签名。董事会会议记录是证明董事会召开的重要证据，也是承担不利责任时投反对票董事责任豁免的重要证据。

 实践案例：上市公司董事会会议记录不完整被责令整改

	名家汇（证券代码300506）
主要事实	深圳市名家汇科技股份有限公司（以下简称名家汇）2019年董事会部分会议未记录相关人员发言要点，不符合《上市公司治理准则》第三十二条的规定。
后果	2022年12月27日公告显示名家汇在公司治理、信息披露、募集资金及财务会计核算方面存在一系列问题，其中在公司治理及信息披露方面存在的问题包括董事会会议记录不完整。深圳证监局根据《上市公司现场检查规则》（证监会公告〔2022〕21号）第二十一条、《上市公司监管指引第5号——上市公司内幕信息知情人登记管理制度》第十六条第一款、《上市公司信息披露管理办法》（证监会令第40号）第五十九条、《上市公司信息披露管理办法》（证监会令第182号）第五十二条的相关规定，决定对名家汇采取责令改正的行政监管措施。
要点	上市公司董事会会议记录不完整可能导致被责令采取监管措施。
相关案例	深圳震有科技股份有限公司（以下简称震有科技）（证券代码688418）及其高级管理人员吴闽华、孙大勇在2022年10月26日被深圳证监局出具警示函，警示函中指出震有科技第二届董事会第十次会议至第二十六次会议记录中均未记录相关董事发言要点，不符合《上市公司章程指引》（证监会公告〔2019〕10号）第一百二十三条第四项的规定。

第四节 董事会开会程序：会后

一、董事会决议事项的执行

董事会作出决议后，由经理层负责组织实施，并将执行情况向董事会报告。总经理应当于每年年初和年中向董事会作定期工作报告，发生重大突发性事件时，总经理应当在事件发生后立即向董事长报告，并在五个工作日内及时报告其他董事会成员。

二、决策事项督办

1. 设立日常管理部门

公司可设立董事会决议落实的日常管理部门，或规定由董事会办公室、董事会秘书或者副经理负责董事会决议落实的日常管理工作。

2. 决议跟踪落实

建立决议跟踪落实及决策后评估（含投资项目综合评价）机制，可以采取定期听取报告、建立督办台账、现场检查等多种方式进行跟踪检查，确保闭环管控。建立董事会年度工作报告和重大事项报告制度机制，完善董事长、总经理向董事会负责、报告工作制度机制。

外部董事应当跟踪、检查、督促、协调董事会会议决议事项的实施情况。在检查中发现有违反决议的事项，应当及时提出质询、予以制止或要求纠正。认为必要时，可以就经理层落实董事会决议、董事会授权决策事项等向经理层及有关单位进行书面问询，被问询对象应当及时以书面形式解释或答复。出资企业应认真组织研究本单位外部董事的意见建议，并及时反馈处置情况。对问询发现的重大决策风险和生产经营重大问题，配合外部董事监事做好向公司报告工作。

三、监督管理

董事长或经董事长授权的其他董事对决议执行情况进行督促和检查；董事会秘书负责跟踪了解董事会决议执行情况，及时报告董事长，重要进展情况向董事会报告。外部董事要认真监督经理层落实董事会决议，不得向出资人瞒报、延报有损出资人利益或者公司合法权益的信息。

外部董事认为所任职企业董事会违规违法决策或董事会决议明显损害公司、所任职企业利益或职工合法权益的，应当及时、明确地向董事会提出反对意见、警示或质询，同时向公司有关部门进行独立报告并抄送公司人力资源部门，必要时提供专项分析报告。对紧急、突发的重大情况，可先口头报告，再书面报告。外部董事在撰写以上情况报告时可与有关方面加强沟通，但报告无须经所任职企业董事会或董事长审定。外部董事本人对报告内容负责。

四、"三重一大"决策后评估

"三重一大"后评估工作应当遵循独立、客观、公正、合法、科学的原则，主要检验重大决策的准确性、合规性、有效性，提高决策的规范化、民主化、科学化水平，防范决策风险，注重效果、效率、效益，实现资源的有效配置。

开展后评估工作应当全面调查了解决策的实施情况，广泛听取意见，分析和评估相关资料，客观全面地作出评估。主要评估内容包括：决策制度的完备性、准确性，决策过程（事前、事中）的合规性，决策事项的有效性，决策会议资料的完备性等要素。

一般每年上半年对上一年度"三重一大"事项决策情况进行评估并专业评价，总结决策事项的完成效果，查找当前决策中存在的突出问题并提出改进建议，起草总体评估报告。后评估成果应当及时反馈应用，作为完善制度、改进工作和责任追究的重要依据。

五、材料归档

董事会会议结束后应将会议材料进行归档管理。任何人不得对归档材料进行涂画、伪造、篡改、抽换、拆封、擅自损毁等。

如需查阅会议记录本，应经办公室负责人审批同意后履行相应的登记手续。原则上只能在档案室当场查阅复印本。如确因工作需要或者上级要求查阅原本的，须经借阅部门负责人、办公室负责人批准，并履行相应的签收手续；如需复印原本，把原本或复印件借出档案室的还须经分管办公室领导批准，并履行相应的签收手续。借出过程中不准擅自复印。归还时档案人员应清点核对，确保准确无误后，借阅人应履行归还手续。

按董事会会议内容的不同，保管期限分为永久、定期两种，定期一般分为三十年、十年。

第五节 董事会评价

一、董事会评价内容及程序

以公司治理示范企业创建活动为抓手，依据子企业董事会评价及董事履职评价制度开展董事会年度评价工作，全面客观形成评价结果，并应用于有关领导人员综合考核评价。

1. 评价内容

出资企业董事会评价内容主要包括董事会规范性（占40%）、有效性（占55%）、董事会文化建设（占5%）及红线事项（不计权重），见表2-4。规范性主要评价组织结构（占5%）、制度体系（占15%）、依规运作（占20%）；有效性主要评价定战略（占10%）、作决策（占15%）、防风险（占10%）和改革发展成效（占20%）；董事会文化建设主要评价董事会文化理念、工作氛围等情况。董事会存在落实不力、战略偏差、违规决策、决策失误、授权事项决策失误、防控缺陷等红线事项的，经综合分析后，评定为一般或者较差等次。

表 2 - 4 董事会评价内容权重

评 价 内 容		权 重 构 成	
规范性	40％	组织结构	5％
		制度体系	15％
		依规运作	20％
有效性	55％	定战略	10％
		作决策	15％
		防风险	10％
		改革发展成效	20％
董事会文化建设		5％	
董事会红线事项		不计权重	

2. 决议跟踪落实

出资企业董事会评价实行年度评价，于每年年末至次年年初组织实施。首先，股东行权归口管理部门制定实施方案，收集整理被评价董事会的相关信息，与被评价单位沟通协调相关事宜，发布评价工作通知等。其次，董事会以书面形式述职。再次，开展多维度民主测评，多维度民主测评内容包括企业内部评价（占40％）、出资人评测（占30％）以及日常评价（占30％）。最后，根据需要听取意见、调查核实，综合分析研判，形成董事会评价结果，履行决策程序后向出资企业董事会反馈。

二、 董事会评价结果及运用

出资企业董事会评价结果分为优秀、良好、一般、较差四个等次。评定为优秀的，以适当方式予以表彰；评定为良好的，给予肯定和鼓励；评定为一般的，要求限期整改，视情况对董事会成员进行适当调整；评定为较差的，进行改组。其中，董事会优秀比例一般不超过出资企业总数的25％。

第三章　董事及外部董事管理

第一节 董 事 履 职

一、任职资格

(一) 董事的任职资格

董事应当为有良好的品行、有符合职位要求的专业知识和工作能力、有能够正常履行职责的身体条件的干部。

1. 基本条件

个人身体健康,心理素质过硬,年岁居中,可以胜任持续多年的工作,保证工作时间精力的投入;具备与所任董事职位匹配的学历或高级职称;对于公益类、商业二类或者关系国计、民生的国有企业,应当具备党员身份;具有较高的职业素养,有高度事业心、责任感,在过往的各项工作中勤勉尽责。

2. 干部条件

国有企业董事按照同级别国有企业干部岗位进行管理,任职资格应当符合干部选拔任用标准。

3. 能力条件

应当具备战略意识和发展眼光、决策判断能力、风险防范能力、识人用人能力、开拓创新能力。

金融机构拟任、现任董事的任职资格另外要求具有担任金融机构董事职务所需的相关知识、经验、能力及独立性;具有良好的经济、金融从业记录;个人及家庭财务稳健。任职前应当确认其符合任职资格条件,并向监管机构提出任职资格申请,在获得任职资格核准前不得履职。保险公司董事应当具有五年以上与其履行职责相适应的工作经历。

(二) 外部董事的任职资格

1. 外部董事任职条件

外部董事应当符合"对党忠诚、勇于创新、治企有方、兴企有为、清正廉洁"的高素质国有企业领导人员要求，除具备领导人员的基本条件外，还应当具备下列资格条件：

（1）熟悉国内外市场情况和相关行业发展要求，熟悉公司改革发展要求和拟任职企业的主营业务，并具备独立工作能力。其中，外部董事还应当具有战略规划、企业管理、生产经营、财务会计等某方面的专长。

（2）具有相当规模企业的领导经验，或者累计十年以上企业经营管理或者相关工作经历，履职业绩突出。

（3）一般应当具有大学本科以上学历或相关专业高级以上职称。

（4）具有正常履行职责的心理素质和身体条件。

（5）符合法律法规及公司章程规定的资格条件。

2. 外部董事国（境）外任职条件

派出到国（境）外出资企业任职的外部董事除具备上述条件外，还应当符合企业所在国家（地区）法律和公司章程等规定的其他基本条件。

下列人员不得担任外部董事：

（1）因违规违纪违法或者受到责任追究被免职或者解聘的公司所属子公司董事、监事和高级管理人员，以及按照有关职位禁入规定、失信联合惩戒规定不得担任国有企业董事的。

（2）法律法规及公司章程等规定不得担任董事的其他人员。

3. 南方电网公司本部外部董事任职回避要求

中央企业外部董事有下列情形之一的，应当实行任职回避（仅适用于南方电网公司本部）：

（1）本人曾在拟任职企业担任领导职务，或者近两年内曾在拟任职企业或者所属二级单位担任中层以上职务的。

（2）直系亲属、主要社会关系近两年内在拟任职企业或者所属二级单位担任中层以上职务的。

（3）本人或者直系亲属在与拟任职企业存在竞争关系的企业担任高级管理人员职务的。

（4）本人、直系亲属或者其他特定关系人所办企业近两年内与拟任职企业或者所属单位有业务往来的。

（5）本人或者直系亲属直接或者间接持有拟任职企业所属非上市公司股权、直接或者间接持有所属上市公司1%以上股份，或者是上市公司前十名股东中的自然人股东的。

4. 南方电网公司外部董事任职回避具体范围

南方电网公司进一步明确外部董事任职回避的具体范围（适用于南方电网公司及各级子公司）为：

（1）本人夫妻关系、直系血亲关系、三代以内旁系血亲以及近姻亲关系中有人在拟任职企业担任董事、监事、高级管理人员，或者人力资源、计划与财务、审计、纪检监督部门负责人的。

（2）其他应当予以回避的情形。

派驻金融机构的董事应当基于专业判断独立履职。规范企业与所投资金融机构之间、企业所控股金融机构之间董事、监事、高级管理人员的交叉任职，企业与所投资金融机构之间、企业所控股金融机构之间的高级管理人员不得相互兼任。

（三）独立董事的任职资格

独立董事应当具备较高的专业素质和良好的信誉，除符合国家法律法规、相关监管规定和公司章程约定的董事任职资格要求以外，还应当符合下列条件：

（1）根据法律、行政法规和其他有关规定，具备担任上市公司董事的资格。

（2）符合《上市公司独立董事管理办法》第六条规定的独立性要求。

（3）具备上市公司运作的基本知识，熟悉相关法律法规和规则。

（4）具有五年以上履行独立董事职责所必需的法律、会计或者经济等工作经验。

（5）具有良好的个人品德，不存在重大失信等不良记录。

（6）法律、行政法规、中国证监会规定、证券交易所业务规则和公司章程规定的其他条件。

在满足上述条件的情况下，出资企业可结合所处行业特点和自身发展需要，细化独立董事的资格条件，选择具有适合企业发展需要的专业背景或经历的人士担任独立董事，不断优化董事会专业结构。

上市公司独立董事提名人不得提名与其存在利害关系的人员或者有其他可能影响独立履职情形的关系密切人员作为独立董事候选人。上市公司应建立独立董事独立性定期测试机制，对不符合独立性要求的独立董事，上市公司应当立即停止其履行职责，按照法定程序解聘。上市公司独立董事及拟担任独立董事的人士还应当依照规定参加中国证监会及其授权机构所组织的培训。

上市公司建立全部由独立董事参加的专门会议机制，关联交易等潜在重大利益冲突事项在提交董事会审议前，应当由独立董事专门会议进行事前认可。

（四）职工董事的任职资格

1. 职工董事任职条件

职工董事应当符合下列条件：

（1）应当为符合《中华人民共和国公司法》规定的担任董事资格条件的任职企业在职职工。

（2）具有较高的政治素质，遵纪守法，品行端正，秉公办事，廉洁自律。

（3）具有较好的群众基础，能够代表和反映职工意愿，维护职工和企业合法权益，密切联系职工群众。

（4）熟悉有关法律法规和任职企业经营管理情况，具有相关专业知识和工作经验。

（5）具有较强的沟通协调能力和经营决策能力。

（6）法律法规和公司章程规定的其他条件。

2. 职工董事不得任职要求

下列人员不得担任职工董事：

（1）任职企业监事、高级管理人员及其近亲属，以及董事会办公室（含总经理办公室）、人力资源部门的工作人员不得担任职工董事。

（2）按照有关职位禁入规定、失信联合惩戒规定不得担任国有企业董事的人员。

（3）法律法规和公司章程规定不得担任董事的其他人员。

二、董事的权利与义务

（一）董事的权利

董事在公司任职期间享有下列权利：

（1）了解履行董事职责所需的国资监管政策和股东要求。

（2）获得履行董事职责所需的公司信息。

（3）出席董事会和所任职专门委员会会议，充分发表意见，对表决事项行使表决权。

（4）提出召开董事会临时会议、缓开董事会会议和暂缓对所议事项进行表决的建议，对董事会和所任职专门委员会审议的议案材料提出补充或者修改完善的要求。

（5）根据董事会或者董事长的委托，检查董事会决议执行情况。

（6）根据履行职责的需要，开展工作调研，向公司有关人员了解情况。

（7）按照有关规定领取报酬、工作补贴。

（8）按照有关规定在履行董事职务时享有必要的工作条件和保障。

（9）必要时以书面或者口头形式向股东、监事会（不设监事会的公司的监事）反映和征询有关情况和意见。

（10）法律、行政法规和本章程规定的其他权利。

（二）董事的义务

董事应当遵守法律、行政法规和公司章程，对公司负有下列忠实和勤勉义务：

（1）贯彻股东意志，忠实维护股东和公司利益、职工合法权益，坚持原则，审慎决策，担当尽责。

（2）投入足够的时间和精力履职，每年度的履职时间和出席董事会会议的次数达到有关规定要求。

（3）保守所知悉的国家秘密、工作秘密和企业商业秘密。

（4）遵守国有企业领导人员廉洁从业规定，不得违反股东对董事忠实和勤勉尽责的规定和要求，不得利用职权收受贿赂或者其他非法收入，不得侵占公司的财产，不得擅自以公司财产为他人提供担保。

（5）积极参加公司组织的有关培训，不断提高履职能力。

（6）遵守诚信原则，不得利用职务便利为本人或者他人谋取利益，不得违规接受报酬、工作补贴、福利待遇和馈赠。

（7）如实向股东提供有关情况和资料，保证所提供信息的客观性、完整性。

（8）法律、行政法规和公司章程规定的其他忠实、勤勉义务。

（三）职工董事的权利与义务

1. 职工董事的权利

为有效发挥职工董事在董事会中的作用，保障职工民主权利，促进企业和谐发展，除依法享有任职企业董事权力并承担任职企业董事义务外，职工董事应履行关注和反映职工合理诉求、代表职工利益和维护职工合法利益的特别职责，特别职责由公司章程或董事会议事规则作出具体规定：

（1）行使意见建议权。对涉及职工合法权益或者大多数职工切身利益的董事会议案提出意见和建议。

（2）行使提案权。就涉及职工切身利益的规章制度或者重大事项，提出董事会提案，依法提请召开董事会会议，反映职工合理要求，维护职工合法权益。

（3）列席相关会议。列席与其职责相关的任职企业行政办公会议和有关生产经营工作的重要会议。

（4）行使知情权并反馈。要求任职企业工会、有关部门通报相关情况，提供相关资料，并向任职企业工会、上级工会或有关部门反映有关情况。

2. 职工董事的义务

除依法履行上述任职企业职工董事义务外，还应当履行下列义务：

（1）认真学习党的理论和路线方针政策，学习国家法律法规，积极参加相关培训，提高自身思想政治素质和相关业务素质。

（2）及时了解任职企业管理和发展状况，经常深入职工群众广泛听取意见和建议，在董事会、监事会上真实准确、全面充分地反映职工的合理诉求。

（3）执行任职企业职工代表大会的决议，在董事会会议上，按照职工代表大会的相关决议或在充分考虑职工代表大会决议和意见的基础上发表意见，行使表决权。

（4）每年至少一次向任职企业职工代表大会报告工作，接受监督、质询、民主评议。

（5）法律法规和公司章程规定的其他义务。

三、董事的提名与选聘

1. 一般董事的提名与选聘

非职工代表担任的董事由股东会选举和更换，报酬由股东会决定，其余事项通过章程确定。

2. 外部董事的提名与选聘

董事会应当保持专业经验的多元化和能力结构的互补性，应当根据企业发展战略和业务特点，合理搭配熟悉相关专业的外部董事。董事会中外部董事应当占多数。如相关监管机构有特别规定的，从其规定。

外部董事的选聘和更换，一般按照下列程序进行：

（1）对出资企业董事会的功能结构进行综合分析，提出董事会配置需求。

（2）按照人事相宜、人岗匹配原则，根据出资企业董事会配置需求，提出外部董事初步人选。

（3）提交公司党委（党组）讨论决定。

（4）依法依规聘任。

外部董事人选涉及职级提升的，须按公司领导人员管理有关规定履行选拔任用程序。

出资企业为公司全资子公司的，其外部董事经公司党委（党组）研究决定后，由公司直接委派或更换。出资企业为公司控股子公司或参股公司的，公司派出的外部董事人选经公司党委（党组）研究决定后，由公司向其股东会推荐，再由股东会选举产生或更换，相关选举或更换结果及时报公司人力资源部门备案。

派出到国（境）外出资企业任职的外部董事，其聘任程序按照企业所在国家（地区）有关法律法规执行。

专职董事的劳动关系、工资关系、党员组织关系、工会关系原则上保留在其聘任为公司出资企业专职董事职务前的任职单位。

金融机构的股权董事应熟悉并掌握国家关于金融机构管理的相关规定，深入了解所在金融机构的业务情况，不断提高履职能力，适应股权董事岗位需要。

外部董事每个任期一般为三年，任期届满可以续聘。外部董事在同一企业连续任职一般不得超过六年。外部董事同时任职的企业一般不得超过四家。

3. 独立董事的提名与选聘

独立董事的选聘一般按照下列程序进行：

（1）出资企业对董事会成员专业结构进行分析，与公司人力资源部门进行沟通，提出独立董事配置需求。

（2）公司按照相关监管规定和公司章程约定的方式进行独立董事提名。

（3）出资企业董事会提名委员会等开展提名人选独立性审查。

（4）提交公司党委（党组）会讨论决定。

（5）提交股东会选举。

（6）选举结果报公司人力资源部门备案。

出资企业应按照有关监管规定，严格履行独立董事人选任职资格核准

（审核）等相关程序。如出资企业为公司所属单位的，对于该出资企业中非公司作为股东提名的其他独立董事人选，出资企业党委（党组）应及时就了解到的人选有关基本情况与公司人力资源部门沟通，人选聘任（续聘）和解聘等事项的前置把关意见须经公司批复，有关结果应报公司人力资源部门备案。

独立董事的提名人在提名前应当征得被提名人的同意。提名人应当充分了解被提名人职业、学历、职称、详细的工作经历、全部兼职等情况，并对其担任独立董事的资格和独立性发表意见，被提名人应当就其本人与上市公司及提名人之间不存在任何影响其独立客观判断的关系作出公开声明。

4．职工董事选举

职工董事候选人由公司工会根据自荐、推荐情况，在充分听取职工意见的基础上提名，经职工代表大会全体代表的过半数通过方可当选，并报上一级工会组织备案。

（1）职工董事候选人的提名。职工董事候选人可以由公司工会根据自荐、推荐情况，在充分听取职工意见的基础上提名，也可以由三分之一以上的职工代表或者十分之一以上的职工联名推举，还可以由职工代表大会联席会议提名。公司工会主席、副主席一般应作为职工董事候选人人选。提名后党委（党组）对职工董事提名人选情况进行讨论研究并报上级单位人力资源部门。

（2）职工董事的选举。人选得到上级单位人力资源部门批复后，职工董事由公司职工代表大会或职工大会以无记名投票方式差额选举，并经应到会人数半数以上赞成当选。尚未建立职工代表大会的，应在企业党委（党组）的领导和上级工会的指导下，先行建立职工代表大会。

（3）职工董事的公示。职工董事由职工代表大会选举产生后，应进行任前公示，与其他董事一样履行相关手续，并报上级工会和有关部门（机构）备案。公示期不少于五个工作日。公司工会应做好向上级工会报备的相关工作。

司法案例：任命非公司职工为职工监事，决议无效

	上海保翔冷藏有限公司诉上海长翔冷藏物流有限公司公司 决议效力确认纠纷案❶
主要事实	被告上海长翔冷藏物流有限公司（以下简称长翔公司）原系第三人上海江阳水产品批发交易市场经营管理有限公司（以下简称江阳公司）的全资子公司。2014 年 1 月，原告上海保翔冷藏有限公司（以下简称保翔公司）与江阳公司签订股权转让协议，约定江阳公司将其所持长翔公司 50% 股权转让给原告，原告、江阳公司各持长翔公司 50% 股权。后各方办理了股权变更登记手续。2014 年 4 月，长翔公司召开临时股东会并形成股东会决议，决议第二项规定：设立公司监事会，聘请徐根福、孔凌志为股东代表监事，免去魏满鸿监事职务，另一名职工代表监事由魏仁礼担任。决议另对董事成员进行了任免并修改了章程。
法院认定	二审法院认为：职工代表监事应通过职工代表大会、职工大会等形式，从职工代表中民主选举产生。《中华人民共和国公司法》第五十一条第二款规定了监事会应包括公司职工代表，说明职工代表资格是成为职工代表监事的前提。本案中魏仁礼并非职工代表，因此不具备担任长翔公司职工代表监事的资格。《中华人民共和国公司法》第五十一条第二款亦规定监事会中职工代表的比例不得低于三分之一，该比例系《中华人民共和国公司法》上效力性强制性规定，本案中魏仁礼不具备职工代表资格，另外两名监事系股东代表，职工代表比例为零，违反前款规定。
要点	职工代表监事的产生方式应符合《中华人民共和国公司法》第五十一条规定的职工民主选举产生的程序，并符合该条规定的代表比例。公司股东会作出任命职工代表监事的决议，如果该被任命监事并非本公司职工，或该被任命监事的产生程序、代表比例违反《中华人民共和国公司法》第五十一条规定的，该部分决议内容应属无效。

❶ （2017）沪 02 民终 891 号。

四、董事的考核与评价

建立外部董事年度、任期考核评价制度，按时对外部董事年度及任期内履职情况进行考核评价。年度考核评价结果分为优秀、称职、基本称职和不称职四个等次。结果为优秀的，予以奖励；基本称职的，提出明确整改要求并限期整改，视具体情况进行诫勉谈话或者组织调整；不称职的，予以解聘或不再续聘。公司人力资源部门负责外部董事考核。

第二节　外部董事履职

一、外部董事在董事会的作用

设立外部董事，目的是加强对董事会作决策的监督，保证董事会的决策维护国有资本权益，并贯彻出资人意志，督促董事会规范有效运行，提升董事会决策的科学性和有效性。外部董事在促进企业科学决策、防范风险、市场化改革等方面发挥了重要作用，其独立于任职企业，不受企业利益关系的羁绊，利于在董事会内部形成制衡。外部董事来自不同行业和领域，使得董事会专业经验多元、能力结构互补。

二、外部董事（含独立董事）角色

外部董事应当忠实、勤勉履行工作职责，充分发挥决策、监督、制衡作用，充当积极维护国有资本权益以及公司和所任职企业利益，推动任职企业高质量发展的角色。外部董事应当贯彻执行党和国家方针政策、战略部署，落实公司发展战略、治企理念和公司关于出资企业改革发展的各项决策部署；应当认真出席所任职企业董事会会议和相关董事会专门委员会会议，深入研究会议议案和相关材料，对会议讨论决定事项独立、客观、审慎地发表明确意见，并对董事会的决议承担相应责任；跟踪、检查、督促、协调董事会会议决议事项的实施情况；关注所任职企业长期发展目标与核心竞争力培育，加强对所任职企业发展战略的研究，围绕业务发展、管理变革以及加强和改进董事会运行等，提供有价值的意见建议；应当认真、及时了解所任职企业改革发展和经营管理情况，对于可能损害公司、所任职企业利益和职工合法权益的情况，及时向董事会提出警示，必要时向公司报告；应当推动所任职企业建立各司其职、各负其责、协调运转、有效制衡的法人治理结构，推动中国特色现代企业制度建设；应当根据安排参加公司召开的有关重要会议，参加公司和所任职企业组织的相关培训；应当遵守法律法规、公司有关规定，以及所任职企业公司章程和规章制度，保守国家秘密和企业商业秘密、技术秘密。

独立董事应对所受聘企业及其全体股东负有诚信、勤勉义务，应当按照国家法律法规、相关监管规定和公司章程有关要求，独立履行职责，客观、公正发表相关意见，不受与所受聘企业存在重大利害关系的单位或者个人的影响，维护所受聘企业合法权益。

上市公司独立董事对上市公司及全体股东负有忠实与勤勉义务，并应当按照法律、行政法规、中国证监会、证券交易所和公司章程的规定，认真履行职责，在董事会中发挥参与决策、监督制衡、专业咨询作用，维护公司整体利益，尤其要关注中小股东的合法权益不受损害。

三、外部董事的管理

外部董事管理应当坚持党管干部、党管人才原则，突出政治标准和专业能力，坚持事业为上、以事择人，坚持权利、义务和责任相统一，坚持组织认可、出资人认可，坚持严管和厚爱结合、激励与约束并重。

派出单位（或原任职单位）应为专职外部董事安排专门办公场所，负责做好其薪酬福利发放、社会保险办理、党员活动组织、工会活动组织，保障其为所任职企业履职外的差旅、会议等日常工作经费，协助做好领导人员个人有关事项报告、因私出国（境）、请假等日常管理工作，协调安排专职外部董事参加公司相关重要会议。配合专职外部董事所任职企业协调安排专职外部董事参加所任职企业相关会议等日常服务工作。公司可以设立专门机构对外部董事进行管理。加强职能部门和子企业外部董事的工作联动，建立完善外部董事"企情问询"、参会阅文、信息通报、履职指导和沟通调研机制等。按需召开外部董事沟通会及董事会建设调度会，第一时间向外部董事通报履职所需工作信息及重大项目情况，畅通"上情下达""下情上达"通道，助力外部董事领会公司意图，形成良性互动。

四、外部董事履职提示

外部董事应充分发挥"外脑"作用，抓住关键提出建设性意见建议，敢于监督问效，及时跟踪了解董事会决议执行情况。外部董事应主动指出内部人不愿谈、不便谈的问题和风险，积极、坦诚、客观地表达观点，坚持原则，敢讲真话，保持应有的职业谨慎。外部董事履行监督职责应关注"三个方面"❶。外部董事应建立履职台账，每半年集体向股东报告履职情况，及时向股东报告任职企业重大问题和重要情况。

外部董事履职的主要内容为参与任职企业董事会决策，对于议案根据其性质有不同的审核要点。总体上，外部董事应该围绕合法合规性、必要性、可行性、经济性、风险性等方面对议案进行审核。在勤勉尽责履职过程中的基本关注事项包括对企业进行深入了解、结合持股情况履职及突出议案审议重点等几个方面。

1. 对企业进行深入了解

外部董事应不断提高对任职企业的认识以作出恰当决策。应重点关注所

01 第一章 董事会建设

02 第二章 董事会运行

03 第三章 董事及外部董事管理

04 第四章 其他

05 附录

---

❶ ①监督决策合规性：外部董事发现董事会和所任职的专委会违规决策，或者决策将损害出资人和公司利益、职工合法权益的，应当明确提出反对意见，加强对董事会授权决策的监督，防止"一授了之"；②监督执行有效性：督促企业建立完善董事会决议跟踪执行的有效机制，及时了解掌握决议执行情况和执行结果，对执行中出现的问题，提醒经理层改进；③监督风险可控性：关注公司经营风险，识别揭示重大风险，向董事会或董事长提出警示，向出资人报告公司重大问题和重大异常情况，做到知情必报、准确报告。

任职企业长期发展目标与核心竞争力培育，加强对所任职企业发展战略的研究，认真、及时了解所任职企业改革发展和经营管理情况。具体可通过查阅任职企业的章程、内部制度、审计报告、决策文件、上级单位内部管理文件等资料，进行现场走访，对任职企业分管领导、部门负责人或员工进行访谈等方式了解任职企业对外投资、关联交易、诉讼仲裁等各个重要方面的情况。

2. 结合持股情况履职

外部董事对于全资子公司及控股子公司应重点关注重大事项，如党组织前置研究讨论、法律审核等合规性要求，并依此提出建议。对于参股公司，除了上述重点关注事项外，还应重点审查是否存在损害国有股东权益的情形。

3. 突出议案审议重点

参与任职企业董事会决策应重点聚焦"四个研判"和"三个是否"。比如，审议科技创新、战略性新兴产业等方面议案时，相比一般项目有更大风险容忍度，站在企业战略发展的高度和科研长周期规律的角度分析研判。董事会决策应平衡好国家长期利益和企业经营短期风险，围绕事关全局性问题，在采取有效的风险防范措施的同时，紧密围绕国家战略需要，提升局势研判、危机应变和动态调整能力。

第四章 　其　　他

第一节 治 理 型 行 权

治理型行权指依靠法人治理结构，依托股东权利和外部董事管控，把股东意志转化为管理要求的行权方式。治理型行权主要适用于出资企业的经营决策事项，提高治理型行权在行权方式中的占比，有利于避免过度运用管理型行权导致"刺破公司面纱"的风险。

一、依托股东权利管控和依托外部董事管控路径

对于落实党中央重大决策部署和国家重大战略事项，坚持管理型行权。对于经营决策事项，打破以往经营型管控惯性思维，大力推动治理型行权，依托外部董事和股东代表将股东意志转化为内部管理要求，尊重子企业独立市场主体地位，全面激发子企业活力。

对于依托股东权利和依托外部董事管控事项的议案，原则上子企业董事会工作部门应当收到股东通知后，方能发布董事会会议通知，组织召开董事会。

1. 依托股东权利管控

出资企业履行董事会决策程序后，提交股东或股东会议案至股东行权归口管理部门。股东行权归口管理部门做好议案记录，明确议案牵头部门和办理时限。其中，专业议案由专业管理部门牵头，综合议案由股东行权归口管理部门牵头。议案牵头部门履行公司审核程序后，反馈表决意见至股东代表，通过股东批复或股东会表决的方式行权。行权步骤如图 4-1 所示。

2. 依托外部董事管控

出资企业依托外部董事管控清单内事项为重大议案事项。对重大议案事项，出资企业董事会工作部门汇总外部董事意见，及时将会议通知、议案及审议建议报送至股东行权归口管理部门。股东行权归口管理部门做好议案记录，明确议案牵头部门和办理时限。议案牵头部门履行公司审核程序后，反

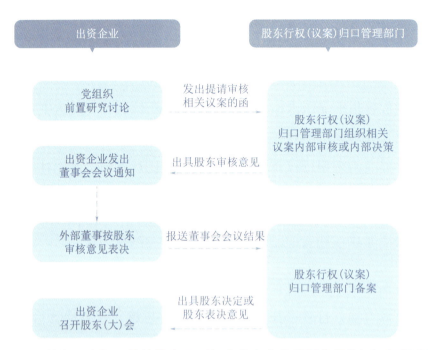

图 4-1　依托股东权利管控的事项（如出资企业章程制定和修订）行权步骤

馈表决意见至外部董事召集人，外部董事根据股东审核意见表决。对于重大议案事项（如董事会授权决策方案），行权步骤如图 4-2 所示。

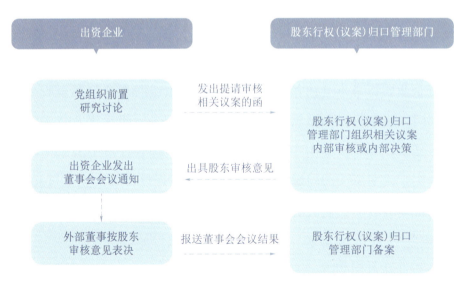

图 4-2　依托外部董事管控的重大议案事项（如董事会授权决策方案）行权步骤

对于清单外的一般议案事项，外部董事根据公司文化、战略规划和决策部署等，按照独立判断发表意见并表决。

司法案例：过度干预子公司内部决策导致连带责任

山西建筑工程（集团）总公司与霍州煤电集团有限责任公司、霍州煤电集团晋北煤业有限公司建设工程施工合同纠纷案❶	
主要事实	霍州煤电集团晋北煤业有限公司（以下简称晋北煤业）与山西建筑工程（集团）总公司（以下简称山西建筑公司）签订了建设工程施工合同，晋北煤业未及时足额支付工程价款，山西建筑公司诉至法院要求其支付欠付工程款，并要求其股东霍州煤电集团有限责任公司（以下简称霍州煤电）为晋北煤业承担责任。晋北煤业在工程价款、施工范围、工程设计、施工项目等方面没有自己的独立意志，均须向霍州煤电进行请示，并按其批准行事。霍州煤电作为晋北煤业的股东，控制着晋北煤业的工程结算等事宜，导致债权人的工程款未得到支付。
法院认定	最高院认为，首先，在本案建设工程施工合同的履行过程中，晋北煤业无论在案涉工程设计变更、增加施工项目、调整材料价格、增加工程费用投资等方面均须按照霍州煤电要求，向霍州煤电请示，经其批准，方可履行。霍州煤电作为晋北煤业的股东，应当通过董事会、股东会等符合《中华人民共和国公司法》规定的方式履行表决权，行使其权利。而霍州煤电以未经批准晋北煤业不能对外履行合同义务这一行为，损害了晋北煤业的法人独立地位。其次，在山西建筑公司与晋北煤业均签字盖章认可案涉工程的造价审核结果后，又因霍州煤电不同意该审核结果，晋北煤业又否认了该审核报告，直接造成晋北煤业未按已达成的工程价款数额及期限履行义务。霍州煤电对案涉工程结算等具体事务直接干预，过度的管理行为构成滥用股东权利，直接损害了山西建筑公司的工程款债权利益，因此应对晋北煤业承担连带责任。

---

❶ （2016）最高法民申字 918 号。

续表

山西建筑工程（集团）总公司与霍州煤电集团有限责任公司、霍州煤电集团晋北煤业有限公司建设工程施工合同纠纷案	
要点	要重视内部管理制度，尊重子公司的独立法人人格，避免过度干预子公司管理，构成过度支配和控制，进而导致公司人格否认。股东管理意志应当通过董事会、股东会等符合《中华人民共和国公司法》规定的方式履行表决权，行使其权利。

二、信息系统上报及操作流程

推广应用决策系统及议案上报模块，以法人层级权责清单为依据，依托治理型行权路径对子企业实施有效管控。依托股东权利管控事项、依托外部董事管控事项的议案，经出资企业党组织前置研究讨论通过后，议案主办部门可以在系统启动议案上报流程。上报股东审核的议案应当确保基础信息准确、议案材料齐全，并附有党组织前置研究讨论会议纪要及外部董事意见汇总表。在信息系统中上报的具体操作流程如图4－3所示。

三、上报议案股东审核要求

股东与其子企业应当按照股东法人层级权责清单要求，共同评估子企业董事会议案的审核时长，子企业应当给股东预留充足审核时间，批量议案应形成科学合理的议案审核计划表，共同确保股东在董事会会议前完成议案审核并向外部董事反馈意见。对于依托股东权利和依托外部董事管控事项的议案，原则上子企业董事会工作部门应当收到股东通知后，方能发布董事会会议通知，组织召开董事会。

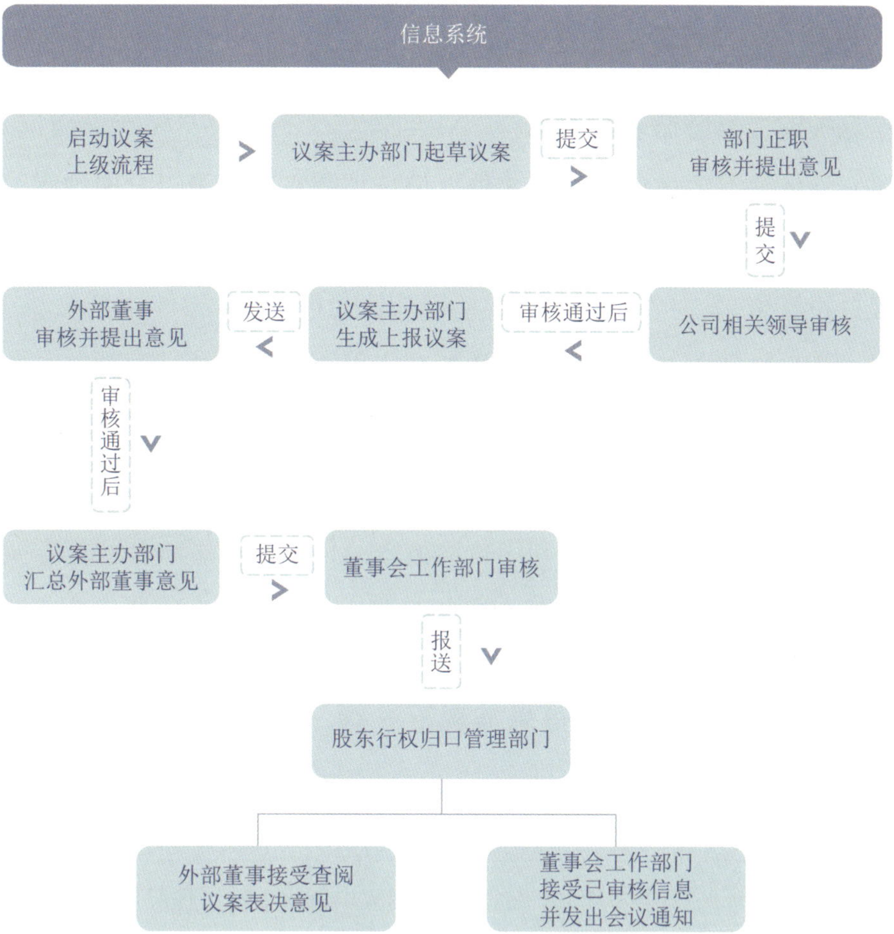

信息系统

启动议案上级流程 > 议案主办部门起草议案 提交 > 部门正职审核并提出意见

提交 ∨

外部董事审核并提出意见 发送 < 议案主办部门生成上报议案 审核通过后 < 公司相关领导审核

审核通过后 ∨

议案主办部门汇总外部董事意见 提交 > 董事会工作部门审核

报送 ∨

股东行权归口管理部门

外部董事接受查阅议案表决意见 ｜ 董事会工作部门接受已审核信息并发出会议通知

图4-3 在信息系统中上报的具体操作流程

第二节 上市公司治理

一、治理透明度（信息披露）

1. 信息披露制度

为了规范上市公司及其他信息披露义务人的信息披露行为，加强信息披露事务管理，保护投资者合法权益，《上市公司治理准则》规定，上市公司应当建立并执行信息披露事务管理制度。上市公司及其他信息披露义务人应当严格依照法律法规、证券监管规则和公司章程的规定，真实、准确、完整、及时、公平地披露信息，不得有虚假记载、误导性陈述、重大遗漏或者其他不正当披露。

信息披露应当遵循以下原则：

（1）除依法需要披露的信息之外，信息披露义务人可以自愿披露与投资者作出价值判断和投资决策有关的信息，但不得与依法披露的信息相冲突，不得误导投资者。

（2）信息披露义务人自愿披露的信息应当真实、准确、完整。自愿性信息披露应当遵守公平原则，保持信息披露的持续性和一致性，不得进行选择性披露。

（3）信息披露义务人不得利用自愿披露的信息不当影响公司证券及其衍生品种交易价格，不得利用自愿性信息披露从事市场操纵等违法违规行为。

 实践案例：上市公司信息披露不准确、不及时被施以监管函

	天山生物（证券代码300313）
主要事实	2020年8月19—20日，新疆天山畜牧生物工程股份有限公司（以下简称天山生物）股价涨幅达到异常波动标准，天山生物于8月20日晚间披露《股票交易异常波动公告》（以下简称《异动公告》），称不存在应披露而未披露的重大事项，也不存在处于筹划阶段的其他重大事项。2020年8月24—25日，天山生物股价涨幅再次达到异常波动标准，天山生物于8月25日晚间披露《异动公告》，称拟通过全资子公司通辽市天山牧业有限责任公司（以下简称通辽天山）投资设立控股孙公司从事肉牛育肥业务，通辽天山出资4125万元，出资比例55%，该事项计划提交天山生物于2020年8月27日召开的董事会审议。 前述投资事项涉及金额占天山生物2019年末经审计归属于上市公司股东净资产的27.64%，属于《深圳证券交易所创业板股票上市规则（2020年修订）》第7.1.2条规定的应及时披露的交易事项。根据天山生物于2020年9月1日披露的《关于对深圳证券交易所关注函回复的公告》，天山生物部分董事、高级管理人员于2020年7月

天山生物（证券代码300313）	
主要事实	已参与探讨前述投资合作事项，并且天山生物已于2020年8月7日将该事项提交公司董事讨论，但天山生物未在2020年8月20日晚间披露的《异动公告》中披露上述事项的筹划及进展情况。2020年8月21日、8月24日，天山生物股票交易连续触及涨幅限制，但天山生物仍未及时披露前述处于筹划阶段的重大事项，直至2020年8月25日晚间才在《异动公告》中予以披露。
后果	天山生物董事，知悉前述重大事项，未及时要求天山生物披露，未能恪尽职守、履行勤勉尽责义务，违反了《深圳证券交易所创业板股票上市规则（2020年修订）》第1.4条、第4.2.2条、第5.1.2条的规定，对上述事项负有责任。
要点	上市公司信息披露存在不准确、不及时可能导致交易所关注，严重者可能导致监管措施、行政处罚甚至刑事处罚。

2. 信息披露事项

信息披露文件包括定期报告、临时报告、招股说明书、募集说明书、上市公告书、收购报告书等。同时，上市公司及其控股股东、实际控制人、董事、监事、高级管理人员等作出公开承诺的，应当披露。

 实践案例：承诺披露违规相关案例

违规事项	具体情节及结果
承诺人超期未履行承诺	国富商通信息技术发展股份有限公司（以下简称国富商通）向北京易华录信息技术股份有限公司（以下简称易华录）（证券代码300212）承诺于2018年9月10日前完成7800万元的易华录A股股票购买行为，如果逾期未完成购买超过30天，接受780万元的违约金，由于国富商通既未购买股票，也未支付违约金，北京证监局责令整改。

续表

违规事项	具体情节及结果
承诺人变更承诺程序违法	大连热电股份有限公司（证券代码 600719）的控股股东公开做出有关解决同业竞争的承诺，后续变更承诺事项未及时履行股东会决策程序，为此交易所对控股股东作出监管关注。
承诺人未提示公开承诺履行的相关风险	交易所认为，哈尔滨工大高新技术产业开发股份有限公司（证券代码 600701）控股股东承诺时，未明确拟注入资产信息、交易方式，没有形成交易细节，存在较大的不确定性；未明确说明资产注入以解决关联方资金占用和违规担保为前提，风险揭示不充分，对此进行通报批评。
上市公司对承诺进展未及时履行信息披露义务	江苏南大光电材料股份有限公司（证券代码 300346）未在定期报告中专项披露有关业绩承诺的履行情况，交易所对此出具监管函。

3. 信息披露事项公开规定

（1）对依法披露的信息，应当在证券交易所的网站和符合中国证监会规定条件的媒体发布，同时将其置备于上市公司住所、证券交易所，供社会公众查阅。

（2）信息披露文件的全文应当在证券交易所的网站和符合中国证监会规定条件的报刊、依法开办的网站披露，定期报告、收购报告书等信息披露文件的摘要应当在证券交易所的网站和符合中国证监会规定条件的报刊披露。

（3）信息披露义务人不得以新闻发布或者答记者问等任何形式代替应当履行的报告、公告义务，不得以定期报告形式代替应当履行的临时报告义务。

实践案例：上市公司非法定渠道信息披露被施以监管函

	酒鬼酒（证券代码 000799）
主要事实	2020 年 12 月 28 日上午，酒鬼酒股份有限公司（以下简称"公司"）分别在公司官方网站和微信公众号发布了题为"2020 酒鬼酒创造历史，2021 酒鬼酒馥郁腾飞！"的报道，称公司于 2020 年 12 月 26 日下午召开了年度经销商大会，来自全国各地的一千多名经销商、新闻媒体及行业嘉宾出席，公司董事、副总经理（主持工作）、财务总监程军在经销商大会上表示，公司销售目标是"突破 30 亿，跨越 50 亿，争取迈向 100 亿"。当日，公司股价涨停，此后公司股价持续上涨。而根据公司前期披露的历年年度报告，公司 2017—2019 年实现营业收入分别为 8.78 亿元、11.87 亿元、15.12 亿元；根据公司披露的 2020 年第三季度报告，公司 2020 年前三季度实现营业收入 11.27 亿元。
后果	公司通过非法定信息披露渠道自行对外发布涉及公司经营的重要信息，违反了本所《股票上市规则（2018 年 11 月修订）》第 2.1 条、第 2.15 条及《深圳证券交易所上市公司规范运作指引（ 2020 年修订）》第 5.2.6 条、第 5.2.11 条的规定。程军的上述行为违反了《深圳证券交易所股票上市规则（2018 年 11 月修订）》第 1.4 条及《深圳证券交易所上市公司规范运作指引（ 2020 年修订）》第 5.2.13 条的规定。
要点	公司通过非法定信息披露渠道自行对外发布涉及公司经营的重要信息属于违规行为，可能导致交易所关注，严重者可能导致监管措施、行政处罚甚至刑事处罚。

4. 信息披露文件类型

（1）**定期报告**。上市公司应当披露的定期报告包括年度报告、中期报告。凡是对投资者作出价值判断和投资决策有重大影响的信息，均应当披露。年度报告中的财务会计报告应当经符合《中华人民共和国证券法》规定的会计师事务所审计。具体的披露内容见表 4-1。

表 4-1 定期报告具体的披露内容

序号	披露事项	年度报告	中期报告
1	公司基本情况	√	√
2	主要会计数据和财务指标	√	√
3	公司股票、债券发行及变动情况，报告期末股票、债券总额、股东总数，公司前十大股东持股情况	√	无需披露报告期末股票、债券总额
4	持股百分之五以上股东、控股股东及实际控制人情况	√	无需披露持股百分之五以上股东情况
5	董事、监事、高级管理人员的任职情况、持股变动情况、年度报酬情况	√	无需披露
6	董事会报告	√	无需披露
7	管理层讨论与分析	√	√
8	报告期内重大事件及对公司的影响	√	√
9	财务会计报告和审计报告全文	√	√
10	中国证监会规定的其他事项	√	√

注：√为需披露。

（2）临时报告。 发生可能对上市公司证券及其衍生品种交易价格产生较大影响的重大事件，投资者尚未得知时，应当立即披露，说明事件的起因、目前的状态和可能产生的影响。控股股东或者实际控制人对重大事件的发生、进展产生较大影响的，应当及时将其知悉的有关情况书面告知下属上市公司，并配合下属上市公司履行信息披露义务。

上市公司应当在最先发生的以下任一时点，及时履行重大事件的信息披露义务：一是董事会或者监事会就该重大事件形成决议时；二是有关各方就该重大事件签署意向书或者协议时；三是董事、监事或者高级管理人员知悉该重大事件发生时。在该三个时点之前出现重大事件难以保密、已经泄露或者市场出现传闻、公司证券及其衍生品种出现异常交易情况的，上市公司应当及时披露相关事项的现状及可能影响事件进展的风险因素。

 实践案例：子公司重大事项披露违规导致行政处罚

长生生物（已退市）❶	
主要事实	长生生物科技股份有限公司（以下简称长生生物）的子公司长春长生生物科技有限责任公司（以下简称长春长生）生产的疫苗在国家药品抽检中被发现不符合标准规定，全面停产并召回已申报批签发的疫苗，长生生物未按规定披露上述对投资者作出投资决策有重大影响的信息。 　　在疫苗被检出效价指标不符合标准、该类疫苗全面停产并召回、相关药品监管部门已介入的情况下，长生生物仅以该不合格批次疫苗（批号 201605014-01）销售收入占公司销售收入总额比例较小为由，披露疫苗抽验不合格对公司目前经营无重大影响，而未将公司对该疫苗全面停产、启动召回程序、相关监管部门介入及可能产生的其他影响向投资者完整披露。 　　长生生物子公司长春长生涉嫌违反《中华人民共和国药品管理法》（以下简称《药品管理法》）被调查，长生生物亦未披露上述对投资者作出投资决策有重大影响的信息。 　　狂犬疫苗是长春长生的主要产品，长春长生狂犬疫苗 GMP 证书失效致使主要业务停产、需要重新获得狂犬疫苗 GMP 证书，长生生物未按规定披露上述对投资者作出投资决策有重大影响的信息。 　　此外长生生物连续三年年度报告及内部控制自我评价报告存在虚假记载。

---

❶ 《中国证监会行政处罚决定书（长生生物科技股份有限公司、高俊芳、张晶等 18 名责任人员）》〔2018〕117 号。

	长生生物（已退市）
行政处罚	根据当事人违法行为的事实、性质、情节与社会危害程度，依据《中华人民共和国证券法》第一百九十三条第一款的规定，证监会决定： 　　（1）对长生生物责令改正，给予警告，并处以 60 万元罚款。 　　（2）对高俊芳、张晶、刘景晔、蒋强华给予警告，并分别处以 30 万元罚款。 　　（3）对张友奎、赵春志、张洺豪给予警告，并分别处以 20 万元罚款。 　　（4）对刘良文、王祥明、徐泓、沈义、马东光、鞠长军、万里明、王群、赵志伟、杨鸣雯给予警告，并分别处以 5 万元罚款。
要点	上市公司未披露子公司重大事项、违规披露子公司重大事项可能导致证监会立案调查、处罚。

二、投资者关系管理

　　上市公司应当建立投资者关系管理制度。投资者关系管理是指上市公司通过便利股东权利行使、信息披露、互动交流和诉求处理等工作，加强与投资者及潜在投资者之间的沟通，增进投资者对上市公司的了解和认同，以提升上市公司治理水平和企业整体价值，实现尊重投资者、回报投资者、保护投资者目的的相关活动。

　　1. 投资者关系管理的基本原则

　　（1）合规性原则。上市公司的投资者关系管理应当在依法履行信息披露义务的基础上开展，符合法律法规、规章及规范性文件、行业规范和自律规则、公司内部规章制度，以及行业普遍遵守的道德规范和行为准则。

　　（2）平等性原则。上市公司开展投资者关系管理活动，应当平等对待所有投资者，尤其为中小投资者参与活动创造机会、提供便利。

　　（3）主动性原则。上市公司应当主动开展投资者关系管理活动，听取投资者意见建议，及时回应投资者诉求。

(4) 诚实守信原则。 上市公司在投资者关系管理活动中应当注重诚信、坚守底线、规范运作、担当责任，营造健康良好的市场生态。

2. 投资者关系管理的内容和方式

(1) 投资者关系管理的内容。 上市公司与投资者沟通的内容主要包括：公司的发展战略；法定信息披露内容；公司的经营管理信息；公司的环境、社会和治理信息；公司的文化建设；股东权利行使的方式、途径和程序等；投资者诉求处理信息；公司正在或者可能面临的风险和挑战；公司的其他相关信息。

(2) 投资者关系管理的方式。 上市公司应当多渠道、多平台、多方式开展投资者关系管理工作。通过公司官网、新媒体平台、电话、传真、电子邮箱、投资者教育基地等渠道，利用中国投资者网和证券交易所、证券登记结算机构等的网络基础设施平台，采取股东会、投资者说明会、路演、分析师会议、接待来访、座谈交流等方式，与投资者进行沟通交流。沟通交流的方式应当方便投资者参与，上市公司应当及时发现并清除影响沟通交流的障碍性条件。

实践案例：上市公司投资者管理制度不完善被处以行政监管措施

承德露露（证券代码000848）❶	
主要事实	承德露露股份公司（以下简称承德露露）未及时修订完善投资者管理制度，违反了《上市公司投资者关系管理工作指引》（证监会公告〔2022〕29号）第二十一条第一款、第二十二条的规定，投资者关系不规范，因此被河北证监局处以行政监管措施。河北证监局同时也对涉及的公司管理人员处以行政监管措施。

---

❶ 《河北证监局关于对承德露露股份公司采取出具警示函行政监管措施的决定（行政监管措施决定书〔2022〕30号）》与《河北证监局关于对沈志军、梁启朝、刘明珊、吴玲芳采取监管谈话行政监管措施的决定（行政监管措施决定书〔2022〕31号）》。

续表

承德露露（证券代码 000848）	
行政处罚	根据《上市公司信息披露管理办法（2007 年）》（证监会令第 40 号）第五十九条、《上市公司信息披露管理办法（2021 年修订）》（证监会令第 182 号）第五十二条的规定，河北证监局决定对承德露露采取出具警示函的行政监管措施。承德露露应对上述问题全面整改，进一步完善内部控制、提高信息披露质量、加强投资者关系管理，并在收到本决定书之日起三十日内向河北证监局提交书面整改报告。河北证监局并将承德露露上述行为记入证券期货市场诚信档案。 承德露露上述行为违反了《上市公司信息披露管理办法（2007 年）》（证监会令第 40 号）第四十八条、《上市公司信息披露管理办法（2021 年修订）》（证监会令第 182 号）第三条第一款、第五条第二款的规定。董事长沈志军、总经理梁启朝、董事会秘书刘明珊、时任董事会秘书吴玲芳对上述行为负主要责任。根据《上市公司信息披露管理办法（2021 年修订）》第五十一条规定，河北证监局决定对以上人员采取监管谈话的行政监管措施，并记入证券期货市场诚信档案。请以上人员携带本人身份证件到河北证监局（地址：河北省石家庄市桥西区友谊北大街 71 号）接受监管谈话，具体时间视疫情情况另行通知。
要点	公司应及时修订完善投资者管理制度，投资者管理制度完善与否是投资者关系管理的重要环节。

◈ 实践案例：上市公司因消极对待投资者关系管理工作被处以行政监管措施

ST 智诚（证券代码 834892）❶	
主要事实	宁夏智诚安环科技发展股份有限公司（以下简称 ST 智诚）消极对待投资者关系管理工作，未按公司章程规定设立专门的投资者咨询电话，未指定熟悉情况的专人负责接听投资者咨询电话，董事会秘书

---

❶ 《宁夏证监局关于对宁夏智诚安环科技发展股份有限公司、刘国辰、焦筱帆采取出具警示函并责令改正的行政监督管理措施的决定》（行政监管措施决定书〔2022〕014 号）。

ST 智诚（证券代码 834892）	
主要事实	未履行投资者关系管理具体负责人的职责，导致投资者无法及时有效联系到公司，违反了《非上市公众公司监督管理办法》（证监会令第190号）（以下简称《监督管理办法》）第九条第三款的规定，被宁夏证监局认定为未建立健全投资者关系管理。 　　根据《监督管理办法》第六十一条和《非上市公众公司信息披露管理办法》（证监会令第191号）（以下简称《信息披露管理办法》）第四十五条的规定，宁夏证监局决定对宁夏智诚安环科技发展股份有限公司、刘国辰、焦筱帆采取出具警示函并责令改正的监管措施并计入证券期货市场诚信档案。其应当严肃认真吸取教训，采取以下有效措施及时整改：
监管措施	1. 严格遵守《信息披露管理办法》等相关规定，真实、准确、完整、及时、公平地履行信息披露义务，切实提高信息披露质量。 　　2. 按照《中华人民共和国公司法》《监督管理办法》及公司章程相关规定选任具有专业知识和履职能力的董事、高级管理人员，健全公司治理机制。 　　3. 强化内部管理，建立健全会计核算体系、财务管理和风险控制等制度，确保公司财务报告真实可靠。 　　4. 积极配合主办券商持续督导工作，对全体董事、监事、高级管理人员及关键岗位人员开展证券法律法规知识培训，提高相关人员规范意识和履职能力。 　　5. 加强投资者关系管理，指定熟悉情况的专人负责接听投资者咨询电话，确保投资者能及时有效联系到宁夏智诚安环科技发展股份有限公司。 宁夏智诚安环科技发展股份有限公司应于收到本决定书之日起三个月内完成整改，并向宁夏证监局提交整改情况报告，宁夏证监局将持续关注并视情况进行检查。
要点	除了制定和完善投资者关系管理制度，公司还需要积极落实已制定的投资者关系管理制度，及时妥善处理投资者的咨询、投诉等，未建立健全投资者关系管理可能导致行政监管措施。

实践案例：上市公司因不当进行投资者关系管理工作被处以行政监管措施

安奈儿（证券代码002875）❶	
主要事实	2022 年 11 月期间，深圳市安奈儿股份有限公司在多次《投资者关系活动记录表》披露抗病毒抗菌面料有关情况。深圳市安奈儿股份有限公司在上述事项中未客观、完整反映抗病毒抗菌面料项目实际进展情况、量产时间以及抗病毒抗菌面料的抗菌效果，未充分提示该项目在实现量产、专利申请和抗病毒抗菌效果等方面的风险，信息披露存在不准确、不完整的问题。
监管措施	上述情形违反了《上市公司信息披露管理办法》（证监会令第182 号）第五条第二款和《上市公司投资者关系管理工作指引》（证监会公告〔2022〕29 号）第十三条的规定。深圳市安奈儿股份有限公司董事会秘书宁文对上述问题负有主要责任。根据《上市公司信息披露管理办法》第五十二条和《上市公司投资者关系管理工作指引》第二十九条的规定，深圳证监局决定对深圳市安奈儿股份有限公司、宁文采取出具警示函的行政监管措施。
要点	投资者关系管理与信息披露制度存在重合，在投资者关系管理工作中主动进行披露但披露不准确、不完整可能被处以行政监管措施。

三、 ESG 体系

　　ESG 是英文 Environmental（环境）、Social（社会）和 Governance（公司治理）缩写的总称，既是一种关注企业环境、社会、治理绩效而非财务绩效的投资理念，也是一种对企业相应指标进行评估的评价标准。

　　2022 年 5 月 27 日国务院国资委印发《提高央企控股上市公司质量工作

---

❶ 《深圳证监局关于对深圳市安奈儿股份有限公司、宁文采取出具警示函措施的决定》（行政监管措施决定书〔2022〕229 号）。

方案》，其中对贯彻落实新发展理念、探索建立健全 ESG 体系提出了明确要求：中央企业集团公司要统筹推动上市公司完整、准确、全面贯彻新发展理念，进一步完善环境、社会和公司治理（ESG）工作机制，提升 ESG 绩效，在资本市场中发挥带头示范作用；立足国有企业实际，积极参与构建具有中国特色的 ESG 信息披露规则、ESG 绩效评级和 ESG 投资指引，为中国 ESG 发展贡献力量。推动央企控股上市公司 ESG 专业治理能力、风险管理能力不断提高；推动更多央企控股上市公司披露 ESG 专项报告，力争到 2023 年相关专项报告披露"全覆盖"。

根据《提高央企控股上市公司质量工作方案》的精神及 2018 年证监会修订的《上市公司治理准则》确立的 ESG 信息披露基本框架，上市公司应围绕利益相关者、环境保护与社会责任三个方面落实建立健全 ESG 体系。

1. 利益相关者

上市公司应当尊重银行及其他债权人、员工、客户、供应商、社区等利益相关者的合法权利，与利益相关者进行有效的交流与合作，为维护利益相关者的权益提供必要的条件。同时，上市公司应当加强员工权益保护，支持职工代表大会、工会组织依法行使职权。董事会、监事会和管理层应当建立与员工多元化的沟通交流渠道，听取员工对公司经营、财务状况以及涉及员工利益的重大事项的意见。

2. 环境保护

上市公司应当积极践行绿色发展理念，将生态环保要求融入发展战略和公司治理过程，主动参与生态文明建设，在污染防治、资源节约、生态保护等方面发挥示范引领作用。

3. 社会责任

上市公司在保持公司持续发展、提升经营业绩、保障股东利益的同时，应当在社区福利、救灾助困、公益事业等方面，积极履行社会责任。

新闻案例：南网储能公司入选"中国 ESG 上市公司先锋 100"榜单

南网储能（证券代码 600995）的 ESG 治理成效
2023 年 6 月 13 日，中央广播电视总台财经节目中心联合国务院国资委、全国工商联、中国社科院经济研究所、中国企业改革与发展研究会等权威部门推出"中国 ESG（企业社会责任）发布"暨盛典活动，发布了首个重要成果《年度 ESG 行动报告》，并公布"中国 ESG 上市公司先锋 100"榜单，中国南方电网有限责任公司旗下的上市公司南方电网储能股份有限公司（以下简称南网储能）凭借在环境、社会和公司治理等方面的履责成效，从 6405 家中国上市公司样本池、855 家上市公司评价样本中脱颖而出，成功入选"中国 ESG 上市公司先锋 100"榜单，位列第 92 位。南网储能立足抽水蓄能和新型储能两条赛道，不断向"构建新型电力系统生力军、维护电网安全稳定主力军、抽水蓄能行业引领者、新型储能产业领跑者"的目标奋进，公司业务规模及科技竞争力得到持续提升。南网储能持续关注企业在完善 ESG 治理、节约能源及资源、应对气候变化、产品质量管理、可持续供应链建设等方面工作，积极履行社会责任，得到社会各界的广泛肯定和认可。

 实践案例：中国海洋石油有限公司 2022 年度 ESG 报告主要内容

中国海洋石油有限公司 2022 年度 ESG 报告主要内容
面对外部环境的深刻变化，中国海洋石油有限公司（以下简称中国海油）直面挑战、抢抓机遇，各项业绩再创历史最佳。2022 年，中国海油净证实储量和净产量迈上新台阶，关键核心技术攻关实现新突破，产业体系清洁化、低碳化、绿色化发展路径更加清晰。 　　**1. 利益相关者方面** 　　（1）设立战略与可持续发展委员会，全面强化可持续发展管理。 　　（2）将可持续发展与高级管理人员绩效相关联，将减碳量或者新能源产量等指标纳入高级管理人员考核机制。 　　（3）组织合规培训 11 次，包括贸易制裁、出口管制、反垄断、外商投资国家安全审查、防范内幕交易、反商业贿赂和反腐败、海外用工、ESG 及人权等议题。

中国海洋石油有限公司 2022 年度 ESG 报告主要内容

（4）与利益相关方深度沟通本年度参加定期发布的机构投资者、个人投资者、分析师和媒体记者累计逾 1600 人次。

2. 聚焦科技，赋能主业

（1）我国首套自主研发的深水、浅水水下生产系统分别在国内海域成功投用。

（2）智能油气田步入发展快车道。

（3）亚洲第一深水导管架平台"海基一号"成功投用，解锁深水油气资源开发新模式。

（4）世界首个海上超稠油储量规模化开发油田顺利投产。

（5）获得省部级及以上科技奖项 15 项。

3. 绿色转型，低碳发展

（1）渤海岸电设计规模达 980 兆瓦，其中渤中——垦利油田群岸电应用工程预计用电高峰年减少二氧化碳排放 100 万吨。

（2）中国首个深远海浮式风电国产化研制及示范项目正式进入工程实施阶段。

（3）全年累计实施 50 余项节能改造项目，总投入资金 3.6 亿元，实现节能量 27.57 万吨标准煤，减排二氧化碳 59.66 万吨。

（4）公司全年节水 7.45 万吨。

（5）二氧化硫排放量为 12.9 吨，同比下降 40.3%，氮氧化物排放量为 179.4 吨，同比下降 43.5%。

4. 关爱员工，筑牢防线

（1）全年安全生产形势总体平稳。

（2）公司员工可记录事件率 0.02。

（3）职业健康检查率 100%。

（4）建立起覆盖全公司范围的 7×24 小时心理健康咨询网络。

（5）全年参与培训的员工达 34700 人次。

（6）人均培训时长达 289 学时，同比上升 41%。

5. 勇担责任，服务社会

（1）为全球各地创造就业岗位超过 2.1 万个。

（2）纳税金额 1234 亿元。

（3）实施公益项目 100 余个，公益项目覆盖国家和地区 15 个。

（4）对外捐赠及公益慈善项目上总计投入 9602 万元。

（5）全年参与海上抢险救助 55 次。

01 第一章 董事会建设

02 第二章 董事会运行

03 第三章 董事及外部董事管理

04 第四章 其他

05 附录

续表

中国海洋石油有限公司 2022 年度 ESG 报告主要内容
（6）由中国海油作为主要捐赠人的中国海油海洋环境与生态保护公益基金会自成立以来，累计实施海洋环保项目 147 个，共计投入资金 1.6 亿元。 **6. 卓越表现，铸造品牌** （1）获得《亚洲企业管治》杂志"亚洲卓越表现大奖"：亚洲最佳企业社会责任奖、最佳投资者关系企业、最佳环境责任奖。 （2）获得 2022 年度《财资》杂志：ESG 企业大奖金奖。 （3）获得 2022 年度《财经》长青奖：可持续发展效益奖。 （4）获得 2022 年度财联社 ESG 致远奖：环境友好先锋企业奖。 （5）获得 2022 年度美通社：新传播年度大奖 ESG 传播奖。 （6）获得第六届中国卓越 IR：最佳资本市场沟通奖、最佳 ESG、最佳信披奖。 中国海油将秉持"经济、环境与社会的协调发展"以及"与利益相关方携手共赢"的理念，积极响应联合国全球契约组织十项原则以及两地交易所指引要求，持续提升 ESG 管理水平，勇担企业社会责任，在加快建设世界一流企业的征程上乘风破浪、勇毅前行！

四、董事及高级管理人员的责任及风险

上市公司的董事、高级管理人员应当遵守法律法规和公司章程，忠实、勤勉、谨慎地履行职责，董事、高级管理人员若违背对公司的忠实、勤勉义务，应当承担相应的责任。

 实践案例：子公司募集资金未专款专用，财务总监被施以监管函

飞利信（证券代码 300287）	
主要事实	2018 年 4 月 10 日，北京飞利信科技股份有限公司（以下简称飞利信）股东会审议通过《关于变更公司募集资金使用用途的议案》，拟投入 2.43 亿元募集资金用于浙江省丽水市大数据云中心建设项目

飞利信（证券代码 300287）	
主要事实	（一期）（以下简称丽水项目）。2018 年 5 月 22 日，飞利信与全资子公司北京天云动力科技有限公司（以下简称天云动力）签署《建设工程施工合同》，由天云动力作为总包商，全程参与丽水项目的施工和管理工作，合同总额 1.97 亿元。2018 年 5 月 28 日，飞利信从募集资金专户向天云动力预付工程款 1.18 亿元。 　2018 年 5—6 月，天云动力与中泰航（北京）建筑工程有限公司（以下简称中泰航）就丽水项目建设签署了四份《劳务分包合同》，合同总额 1.25 亿元。2018 年 5 月 28 日，天云动力与中泰航签署《借款协议书》，约定天云动力向中泰航拆借资金 1.05 亿元。2018 年 5 月 29 日—6 月 19 日，天云动力依据合同约定累计向中泰航支付预付款 1.05 亿元，并于预付款支付当天从中泰航拆回资金。2018 年 6 月 25 日，天云动力与中泰航约定终止前述《劳务分包合同》。截至 2020 年 6 月底，丽水项目累计投入 2.33 亿元，飞利信支付给天云动力的预付款已使用完毕。 　天云动力是飞利信全资子公司，作为丽水项目实际实施方之一，应当遵守募集资金管理相关规定。天云动力在收到飞利信工程预付款项后，未设置募集资金专户存储相关资金；天云动力向中泰航拆回资金后，将相关款项按照日常流动资金管理，用于项目备货、日常经营以及偿还关联方的资金往来，未能做到募集资金专款专用。
后果	飞利信时任财务总监，未能恪尽职守、履行勤勉尽责义务，违反了《深圳证券交易所创业板股票上市规则（2018 年修订）》第 1.4 条、第 3.1.5 条的规定，对飞利信上述违规行为负有责任。
要点	本案例中上市公司子公司的违规行为导致上市公司及上市公司高级管理人员被交易所出具监管函。董事、高级管理人员对上市公司的忠实、勤勉义务应进行一定程度延伸。

1. 刑事责任

（1）**背信损害上市公司利益罪**。上市公司的董事、监事、高级管理人员违背对公司的忠实义务，利用职务便利，操纵上市公司从事下列行为之一，致使上市公司利益遭受重大损失的，处三年以下有期徒刑或者拘役，并处或者单处罚金；致使上市公司利益遭受特别重大损失的，处三年以上七年以下有期徒刑，并处罚金；无偿向其他单位或者个人提供资金、商品、服务或者其他资产的；以明显不公平的条件，提供或者接受资金、商品、服务或者其他资产的；向明显不具有清偿能力的单位或者个人提供资金、商品、服务或者其他资产的；为明显不具有清偿能力的单位或者个人提供担保，或者无正当理由为其他单位或者个人提供担保的；无正当理由放弃债权、承担债务的；采用其他方式损害上市公司利益的。

（2）违规披露、不披露重要信息罪。《中华人民共和国刑法》第一百六十一条规定，依法负有信息披露义务的公司、企业向股东和社会公众提供虚假的或者隐瞒重要事实的财务会计报告，或者对依法应当披露的其他重要信息不按照规定披露，严重损害股东或者其他人利益，或者有其他严重情节的，对其直接负责的主管人员和其他直接责任人员，处五年以下有期徒刑或者拘役，并处或者单处罚金；情节特别严重的，处五年以上十年以下有期徒刑，并处罚金。

在上市公司，董事、监事、高级管理人员对披露的信息直接负责，应当保证上市公司披露信息的真实、准确、完整、及时、公平，若隐瞒或提供虚假的信息，应当承担责任。

此外，上市公司的董事、高级管理人员还可能涉及内幕交易、泄露内幕信息罪，利用未公开信息交易罪，操纵证券、期货市场罪等，该三类犯罪对直接负责的主管人员都对应有相应的刑事处罚。

2. 行政责任

（1）信息披露行政责任。《中华人民共和国证券法》第八十二条规定，发行人的董事、高级管理人员应当保证发行人及时、公平地披露信息，所披露的信息真实、准确、完整。董事、高级管理人员无法保证证券发行文件和定期报告内容的真实性、准确性、完整性或者有异议的，应当在书面确认意见中发表意见并陈述理由，发行人应当披露。董事、高级管理人员作为信息披露的直接责任人，应当按照规定披露，未按照《中华人民共和国证券法》规定报送有关报告或者履行信息披露义务的，对直接负责的主管人员和其他直接责任人员给予警告，并处以二十万元以上二百万元以下的罚款。发行人的控股股东、实际控制人组织、指使从事上述违法行为，或者隐瞒相关事项导致发生上述情形的，处以五十万元以上五百万元以下的罚款；对直接负责的主管人员和其他直接责任人员，处以二十万元以上二百万元以下的罚款。

（2）违规减持行政责任。为加强对上市公司董事、监事和高级管理人员所持本公司股份及其变动的管理，维护证券市场秩序，上市公司董事、监事和高级管理人员买卖所任职上市公司的股票应当遵循《上市公司董事、监事和高级管理人员所持本公司股份及其变动管理规则》，违反该规则的，由中国证监会依照《中华人民共和国证券法》对违反规则的董事、高级管理人员给予警告，并处以罚款。

3. 风险防范

上市公司董事应当对董事会的决议承担责任。董事会的决议违反法律法规或者公司章程、股东会决议，致使上市公司遭受严重损失的，参与决议的董事对公司负赔偿责任，为避免公司损失过大或者董事无力承担赔偿责任，经股东会批准，上市公司可以为董事购买责任保险。责任保险范围由合同约定，但董事因违反法律法规和公司章程规定而导致的责任除外。

 实践案例：子公司虚构业绩导致上市公司信息披露违法违规

亚太药业（证券代码002370）	
主要事实及后果	浙江亚太药业股份有限公司（以下简称亚太药业）（002370）子公司上海新高峰生物医药有限公司（以下简称上海新高峰）在2016—2018年期间在未开展真实业务的情况下，虚增营业收入、营业成本、利润总额，导致亚太药业2016年、2017年、2018年年度报告的财务数据及相关披露信息存在虚假记载，中国证券监督管理委员

续表

亚太药业（证券代码 002370）	
主要事实 及后果	会浙江监管局于 2021 年 4 月 21 日下发《行政处罚决定书》（〔2021〕4 号）及《市场禁入决定书》，对公司及相关当事人给予行政处罚；深圳证券交易所于 2021 年 11 月 19 日出具《关于对浙江亚太药业股份有限公司及相关当事人给予纪律处分的决定》，对公司及相关当事人给予纪律处分。中国证监会浙江监管局决定对公司责令改正，给予警告，并处以 60 万元罚款，对相关当事人给予警告、处以罚款等，对任军（时任公司董事、上海新高峰董事长兼总经理）、陈尧根（公司原实际控制人、时任公司董事长及总经理、兼任上海新高峰董事）分别采取五年证券市场禁入。
要点	本案例中上市公司子公司虚构业绩导致母公司信息披露违法违规，母公司涉事董事及高级管理人员被处以监管措施及行政处罚。

五、上市公司董事会的特别要求

上市公司的董事会不仅对股东会负责，还应为公司的整体利益负责，负责完善上市公司治理结构、促进上市公司规范运作、实施再融资等。上市公司的董事会同时受到股东会和证监会的监管。董事会不规范运行，违反法律法规或相关规范性文件的规定，可能导致公司或董事面临行业监管措施、行政处罚甚至刑事处罚。

 实践案例：上市公司董事会运行不规范被施以监管措施

深圳证监局关于对深圳市和科达精密清洗设备股份 有限公司采取责令改正措施的决定	
主要事实	深圳证监局在现场检查中发现深圳市和科达精密清洗设备股份有限公司（以下简称"公司"）存在三会运作不规范问题。公司部分

	深圳证监局关于对深圳市和科达精密清洗设备股份 有限公司采取责令改正措施的决定
主要事实	董事会和监事会会议召开程序不规范、股东会计票及监票程序不规范、股东会和董事会会议记录不规范，不符合《上市公司治理准则》（证监会公告〔2018〕29号）第三十一条、第三十二条、第四十四条，以及《上市公司股东会规则》（证监会公告〔2016〕22号）第三十七条第一款和第二款、第四十一条的规定。
监管措施	根据《上市公司现场检查办法》（证监会公告〔2010〕12号）第二十一条、《关于上市公司建立内幕信息知情人登记管理制度的规定》（证监会公告〔2011〕30号）第十五条和《关于上市公司内幕信息知情人登记管理制度的规定》（证监会公告〔2021〕5号）第十六条的规定，深圳证监局决定对深圳市和科达精密清洗设备股份有限公司采取责令改正的监管措施。
要点	上市公司董事会召开程序不规范、会议记录不规范导致公司受到监管措施。

六、上市公司的监管

为了构建更加科学、规范、易懂、管用的上市公司监管法规体系，进一步提升上市公司监管法规的科学性、体系性、规范性，助推提升上市公司质量，证监会就上市公司监管法规体系进行了整合修订，呈现以下特点：

（1）体系化繁为简。在业务分类上，包含信息披露、公司治理、并购重组、监管职责四大类；在层次上，证监会层面构建基础规则、监管指引、规则适用意见三个层次，交易所层面构建自律监管规则、自律监管指引、自律监管指南三个层次，行政监管与自律监管实现有效衔接。

（2）内容更为规范合理。在避免实体内容大修大改的前提下，优化上下位规则关系，尽量"找平"沪深交易所规则的章节体例并维持两所规则内容

101

上的合理差异，技术上合并同一事项规则、修改废止不符合实践或存在矛盾的规则，统一文字表述和格式体例。

（3）数量显著减少。整合后证监会规则 94 件，沪深交易所规则 88 件，更为简明、清晰、友好。

证监会关于上市公司的监管法规体系见表 4-2。

表 4-2　　　　　　　证监会关于上市公司的监管法规体系

法规分类		具 体 名 称
法律		1.《中华人民共和国公司法》 2.《中华人民共和国证券法》
部门规章和规范性文件	信息披露和财务会计	1.《上市公司治理准则》 2.《上市公司信息披露管理办法》 3.《上市公司投资者关系管理工作指引》 4.《上市公司现场检查规则》 5.《上市公司监管指引第 6 号——上市公司董事长谈话制度实施办法》 6.《上市公司监管指引第 5 号——上市公司内幕信息知情人登记管理制度》 7.《关于规范上市公司信息披露及相关各方行为的通知》
	并购重组	1.《上市公司收购管理办法》 2.《上市公司重大资产重组管理办法》 3.《上市公司重大资产重组管理办法》第十四条、第四十四条的适用意见——证券期货法律适用意见第 12 号 4.《上市公司收购管理办法》第六十二条有关上市公司严重财务困难的适用意见——证券期货法律适用意见第 7 号（2022 年修订）》 5.《上市公司重大资产重组管理办法》第三条有关标的资产存在资金占用问题的适用意见——证券期货法律适用意见第 10 号 6.《公开发行证券的公司信息披露内容与格式准则第 26 号——上市公司重大资产重组》 7.《上市公司收购管理办法》第六十二条、第六十三条及《上市公司重大资产重组管理办法》第四十六条有关限制股份转让的适用意见——证券期货法律适用意见第 4 号

法规分类	具 体 名 称	
部门规章和规范性文件	股份减持与国有股转让	1.《上市公司国有股权监督管理办法》 2.《上市公司股东、董监高减持股份的若干规定》 3.《国有股东转让所持上市公司股份管理暂行办法》
	公司治理与内部控制	1.《上市公司章程指引》 2.《上市公司股东会规则》
	关联交易、对外担保及募集资金使用	1.《上市公司监管指引第 8 号——上市公司资金往来、对外担保的监管要求》 2.《关于规范上市公司对外担保行为的通知》
	股权分置改革	1.《上市公司股权分置改革管理办法》 2.《关于上市公司股权分置改革的指导意见》 3.《关于上市公司股权分置改革涉及外资管理有关问题的通知》 4.《关于已完成股权分置改革的上市公司原非流通股股份转让有关问题的通知》
	退市	《关于完善上市公司退市后监管工作的指导意见》
	股份回购	1.《上市公司股份回购规则》 2.《欺诈发行上市股票责令回购实施办法（试行）》

七、国有控股上市公司独立董事机制

国有控股上市公司外部董事（含独立董事）应当占多数，上市公司提名人不得提名与其存在利害关系的人员，或者有其他可能影响独立履职情形的关系密切人员作为独立董事候选人。建立独立董事独立性定期测试机制，对不符合独立性要求的独立董事，上市公司应当立即停止其履行职责，按照法定程序解聘。建立全部由独立董事参加的专门会议机制，关联交易等潜在重大利益冲突事项在提交董事会审议前，应当由独立董事专门会议进行事前认可。

规则解读：《上市公司独立董事管理办法》（中国证券监督管理委员会令第 220 号）

1. 总则部分

（1）明确独立董事定义。独立董事是指不在上市公司担任除董事外的其他职务，并与其所受聘的上市公司及其主要股东、实际控制人不存在直接或者间接利害关系，或者其他可能影响其进行独立客观判断关系的董事。

（2）明确独立董事职责定位。独立董事应当在董事会中发挥参与决策、监督制衡、专业咨询作用。

（3）要求上市公司建立独立董事制度。独立董事占董事会成员的比例不得低于三分之一；上市公司应当在董事会中设置审计与风险委员会，其中独立董事应当过半数；上市公司设置提名、薪酬与考核委员会的，独立董事也应当过半数。

2. 关于任职资格与任免

（1）明确独立董事的独立性要求。从任职、持股、重大业务往来等方面细化独立性的判断标准，例如，在上市公司或者其附属企业任职的人员及其配偶、父母、子女、主要社会关系等不得担任该上市公司的独立董事。

（2）明确独立董事任职资格。在独立性要求之外，明确独立董事应当符合一般董事的任职条件，并具备上市公司运作的专业知识，五年以上履行独立董事职责所必需的法律、会计、经济等工作经验，良好的个人品德等。

（3）改善独立董事选任制度。上市公司董事会、监事会、单独或者合计持股百分之一以上的股东可以提出独立董事候选人，但不得提名与其存在利害关系等情形的人员；上市公司设置提名委员会的，应当对被提名人是否符合任职资格进行审查，形成审查意见；股东会选举独立董事应当实行累积投票制。

（4）建立独立董事资格认定制度。股东会选举前证券交易所应对独立董事候选人进行审查，审慎判断其是否符合任职资格并有权提出异议。证券交易所提出异议的，上市公司不得提交股东会选举。

（5）明确独立董事解聘要求。对不符合一般董事的任职条件或者独立性要求的独立董事，应当立即停止履职并辞去职务；未主动辞职的，上市公司应当按规定解聘。因其他原因主动辞职的，如其辞职将导致董事会或者其专门委员会中独立董事占比不符合规定，或者独立董事中欠缺会计专业人士的，拟辞职的独立董事应当继续履行职责直至新任独立董事产生之日。

（6）明确独立董事兼职要求。独立董事原则上最多在三家境内上市公司担任独立董事。

3. 关于职责与履职方式

（1）明确独立董事履职重点。独立董事应重点关注上市公司与其控股股东、实际控制人、董事、高级管理人员之间的潜在重大利益冲突事项。

（2）明确独立董事特别职权。独立董事可以独立聘请中介机构、向董事会提议召开临时股东会、提议召开董事会会议、征集股东权利、发表独立意见等。

（3）明确独立董事参与董事会会议的具体要求。会前，独立董事可以与董事会秘书就拟审议事项进行沟通；会中，独立董事原则上应当亲自出席会议；会后，独立董事应当持续关注与潜在重大利益冲突事项相关的董事会会议执行情况等。

（4）明确独立董事履职平台。披露关联交易、变更或者豁免承诺、作出反收购措施等三类事项在提交董事会审议前应当由独立董事专门会议事前认可；披露财务报告及内部控制评价报告、聘用或者解聘会计师事务所、任免财务负责人、会计政策、会计估计变更或者重大会计差错更正等四类事项在提交董事会审议前应当由审计与风险委员会事前认可；董事及高级管理人员的任免、薪酬等事项应当由提名委员会、薪酬与考核委员会向董事会提出建议。

（5）明确独立董事日常履职要求。独立董事每年在上市公司的现场工作时间应当不少于十五日。独立董事应当制作工作记录，详细记录履行职责的情况，并应当向上市公司股东会提交年度述职报告。

4. 关于履职保障

（1）健全独立董事履职保障机制。上市公司应当为独立董事履行职责提供必要的工作条件和人员支持。应当向独立董事定期通报公司运营情况，提供资料，组织或者配合独立董事开展实地考察等工作。

（2）健全独立董事履职受限救济机制。独立董事履职遭遇阻碍的，可以向董事会说明情况，要求董事、高级管理人员等予以配合，并将相关情况记入工作记录；仍不能消除阻碍的，可以向中国证监会和证券交易所报告。

5. 关于监督管理与法律责任

（1）明确处理处罚措施。上市公司、独立董事及相关主体违反《上市公司独立董事管理办法》规定的，中国证监会可以依法采取监管措施或者给予行政处罚。

（2）明确独立董事责任认定标准。对独立董事的行政责任，可以结合其履职与相关违法违规行为之间的关联程度，兼顾其董事地位和外部身份特点，综合独立董事在信息形成和相关决策过程中所起的作用、知情程度及知情后的态度等因素认定。

（3）明确独立董事行政处罚的免责事由。独立董事能够证明其已履行基本职责，且存在审议或者签署文件前借助专门职业帮助仍不能发现问题，上市公司等刻意隐瞒且独立董事无法发现违法违规线索等情形之一的，可以依法不予处罚。

6. 关于过渡期安排

对上市公司董事会及专门委员会的设置、独立董事专门会议机制、独立董事的独立性、任职条件、任职期限及兼职家数等事项设置一年的过渡期。过渡期内，上述事项与《上市公司独立董事管理办法》不一致的，应当逐步调整至符合规定。

第三节 《中华人民共和国公司法》修订

十三届全国人大常委会第三十二次会议对《中华人民共和国公司法（修订草案）》（下称一审稿）进行了审议，并于 2021 年 12 月 24 日在中国人大网正式公布《中华人民共和国公司法（修订草案）》。该草案对现行《中华人民共和国公司法》进行了多处实质修改，引发热议。十三届全国人大常委会第三十八次会议对《中华人民共和国公司法（修订草案二次审议稿）》（下称《中华人民共和国公司法（2023 年版）》）进行了审议，并于 2022 年 12 月 30 日再次公开征求意见。《中华人民共和国公司法（2023 年版）》全文共 15 章 262 条，与现行《中华人民共和国公司法》相比新增、修改 70 条，与一审稿相比增加 2 条，是对一审稿的进一步完善和调整。从《中华人民共和国公司法（2023 年版）》新增的第一条"完善中国特色现代企业制度，弘扬企业家精神"的表述，不难看出本次《中华人民共和国公司法》修订的重心所在。

一、法人治理方面的变化

《中华人民共和国公司法（2023 年版）》相比现行《中华人民共和国公司法》法人治理方面主要修订见表 4 - 3。

表 4 - 3 《中华人民共和国公司法（2023 年版）》相比现行
《中华人民共和国公司法》法人治理方面主要修订

修订内容	现行《中华人民共和国公司法》	《中华人民共和国公司法（2023 年版）》
董事会组成	董事会/董事为公司必要组织结构；国有独资公司董事会中应有职工代表	董事会为必要组织结构，明确董事可兼职经理，未保留董事概念；增加规定三百人以上公司董事会中应有职工代表，但依法设监事会并有公司职工代表的可以不设职工董事

修订内容	现行《中华人民共和国公司法》	《中华人民共和国公司法（2023年版）》
董事会职权	列举明确董事会职权范围	对列举的董事会职权范围进行了调整，删除了"决定公司的经营计划和投资方案；制订公司的年度财务预算方案、决算方案"两项，并补充了股东会授权的其他职权；增加公司章程对董事会权力的限制不得对抗善意相对人的规定
董事会审计与风险委员会	未规定	明确了审计与风险委员会和监事会的替代关系，设审计与风险委员会的公司不设监事会或监事，审计与风险委员会行使监事会的职权，即不仅限于财务、会计监督，还包括监事会具有的对董事、高级管理人员的监督权、向股东会的提案权、召开临时股东会的提议权等
决议效力	股东会、董事会的会议召集程序、表决方式违反法律、行政法规或者公司章程，或者决议内容违反公司章程的，股东可以自决议作出之日起六十日内，请求人民法院撤销，法院可要求股东提供担保	删除了提供担保的要求，增加了召集程序或者表决方式轻微瑕疵的决议不属于可撤销范围的除外规定；明确了决议不成立的四种情形
关联交易及关联人范围扩大	仅规定上市公司关联董事回避表决	在"公司董事、监事、高级管理人员的资格和义务"一章中规定了关联董事回避表决以及董事、监事、高级管理人员的关联交易报告义务，同时还扩大了适用该义务和程序的关联人的范围，不仅包含董事、监事、高级管理人员，还包含董事、监事、高级管理人员的近亲属，董事、监事、高级管理人员或者其近亲属直接或者间接控制的企业，以及与董事、监事、高级管理人员有其他关联关系的关联人

二、国家出资公司组织机构的特别规定

《中华人民共和国公司法（2023年版）》中将现行《中华人民共和国公司法》中"国有独资公司的特别规定"章节修订为"国家出资公司组织机构的特别规定"章节，适用范围从国家单独出资、由国务院或者地方人民政府授权本级人民政府国有资产监督管理机构履行出资人职责的有限责任公司，扩大到国家出资的国有独资公司、国有资本控股公司，包括国家出资的有限责任公司、股份有限公司。

须注意该部分规定只适用于由国务院或者地方人民政府分别代表国家依法履行出资人职责，享有出资人权益的国家出资公司。但对广义上的国有企业仍然具有参考价值。

（1）在现行《中华人民共和国公司法》的基础上进一步明确了国家出资公司中，中国共产党的组织按照中国共产党章程的规定发挥领导作用，研究讨论公司重大经营管理事项，支持公司的组织机构依法行使职权。

（2）《中华人民共和国公司法（2023年版）》中明确外部董事的概念以及外部董事占多数原则。

（3）落实党中央关于深化国有企业监事会改革要求，明确国有独资公司不设监事会或者监事，董事会审计与风险委员会行使监事会相关职权。

附　录

关于××的议案（通用类）
××××年×月×日

按照××要求，公司组织开展了××工作，提出了《关于××的议案》/形成了关于××的报告。现将有关情况汇报如下：

一、主要内容

包括背景介绍、概述议案材料主要内容等。

二、必要性分析（如有）

包括中央部署和国家战略、公司发展战略规划、社会经济发展需求、市场前景、社会责任和群众权益分析等。

三、可行性分析（如有）

包括技术、经济、商业模式、管理等方面可行性分析等。

四、风险分析及应对措施（如有）

包括议案合法合规性审查情况，有关法律风险、信访维稳风险等应对措施及责任要求。重大经营决策需按照《中国南方电网有限责任公司重大经营决策法律审核业务指导书》的规定进行合规审核。

五、提请董事会关注的事项

（一）党组会/党委会/党总支委员会/党支部委员会"四个是否"研判结果

决策事项落实"四个是否"的情况写法示范：

113

（1）党的理论和路线方针政策方面：本方案深入贯彻网省公司工作会议精神，以改革、创新、争先为引领，充分发挥××公司"中心、窗口、标杆"作用，推动××公司创建全国领先标杆供电局，实现高质量发展，制定考核方案。方案内容符合党的理论和路线方针政策，符合企业长远利益发展，符合上级党组织相关政策和规范。

（2）党和国家的战略部署方面：本方案的考核原则及相关指标、任务都紧紧把握"符合党和国家的战略部署"的原则性要求制定。

（3）提高企业经济效益、增强企业竞争力、实现国有企业资产保值增值方面：权重指标、约束性指标、重点任务考核内容充分考虑企业经济效益增长、竞争力增强、国有企业资产保值增值制定，目标值按照摸高原则设置，对安全等风险事件设立扣分项和红线事项。

（4）维护社会公众利益和职工利益方面：本方案将质量效益、内部运营、客户服务、创新驱动指标纳入××公司考核内容考核，将"安全生产""合规经营"等事项纳入扣分事项、红线事项进行考核，实现公司经济效益提升，国有资产保值增值，有效防范经营风险，维护社会公众利益和职工利益。

（二）"四个研判"和"三个是否"分析结果

1. 决策事项落实"四个研判"的情况写法示范

（1）决策事项的合法合规性方面：在全面承接网省公司考核方案基础上，为充分发挥××公司"中心、窗口、标杆"作用，推动××公司创建全国领先标杆供电局，组织各考核牵头部门编制××公司考核方案，并按照公司治理主体权责清单要求履行考核方案的决策流程。

（2）与出资人要求的一致性方面：全面落实《南方电网公司关于印发分子公司 2023 年度经营业绩考核方案的通知》（南方电网计财〔2023〕28 号）的考核要求，制定××公司考核方案。

（3）与企业发展战略的契合性方面：××公司考核方案紧紧围绕"一利五率"指标实现"一增一稳四提升"总体要求，突出高质量发展导向，切实提升××公司的资源投入效率、核心竞争力和长期价值创造能力，加快推动公司战略规划落实落地。

（4）风险与收益的综合平衡性方面：考核方案质量效益指标权重32%，且考核指标目标值按照摸高原则设置，同时对安全生产、合规经营等事项设置扣分项和红线事项，充分考虑了风险与收益的综合平衡。

2. 决策事项落实"三个是否"的情况写法示范

（1）是否有利于提高企业核心竞争力和增强核心功能：本方案以改革、创新、争先为引领，充分发挥××公司"中心、窗口、标杆"作用，以创新型人才遴选为抓手，落实中央有关争创世界一流企业、打造原创技术"策源地"、能源产业链链长等方面要求，制定有利于提高公司核心竞争力和增强公司核心功能的考核方案。

（2）是否有利于促进中央企业在建设现代产业体系、构建新发展格局中发挥科技创新、产业控制、安全支撑作用：权重指标、约束性指标、重点任务考核内容充分考虑人才的创新型、稳定性、可靠性，促进公司在建设现代产业体系、构建新发展格局中发挥科技创新、产业控制、安全支撑作用。

（3）是否能够推动企业实现高质量发展：××公司考核方案突出科技创新导向，全面落实党的二十大关于加快构建新发展格局，切实提升××公司的资源投入效率、核心竞争力和长期价值创造能力，加快推动公司实现高质量发展。

（三）其他需要说明的事项

1. 是否符合上级部委和属地专业管理要求（如有）

该事项属于××（如：负面清单、特别监管类等），符合《××》（如：国务院国资委、国家发展改革委、地方政府等文件）要求。

2. 第三方机构/专家审查意见（如有）

根据工作需要，聘请有关机构或专家对重大投资和工程建设项目等经营管理事项进行咨询的意见建议。

3. 履行民主程序情况（如有）

涉及职工切身利益的重大事项应当听取工会的意见并通过职工代表大会

或者其他形式听取职工群众的意见和建议。

4．外部董事意见建议采纳情况（如有）

董事会前共收到外部董事意见××项，采纳××项，主要情况如下：

六、提请会议决策的事项

按《公司治理主体权责清单》第××项"××内容"有关规定，本议案（如：《××方案》《××规定》等）已经总经理办公会拟订/党组织前置研究讨论通过/董事会××专门委员会同意，现提交董事会决策。（董事会决定类议题，决策事项较简单的议案适用）

或：按《公司治理主体权责清单》第××项"××内容"有关规定，本议案已经总经理办公会拟订/党组织前置研究讨论通过/董事会××专门委员会同意，现提交董事会决策。

建议同意：

1．具体事项……

2．具体事项……

（董事会决定类议题，决策事项较复杂的议案适用）

或：按《公司治理主体权责清单》第××项"××内容"有关规定，本议案已经总经理办公会拟订/党组织前置研究讨论通过/董事会××专门委员会同意，现提交董事会审议：

1．具体事项……

2．具体事项……

建议同意提交股东会决定。（股东会决定类议题适用）

附录 2. 董事会会议——董事会议案决策要素（通用类）

关于××的议案（通用类）		版次	××××版
		发布日期	
事项定义	除专业类以外的议案		
主责部门	议案主办部门	决策形式	（根据具体议案的形式要求确定）
主要决策内容	（根据议案的任务目的和内容确定）		
外部依据	（根据具体议案，明确有关法律法规等议案编制依据）		
内部依据	（根据具体议案，明确相应的内部依据）		
研判标准			
研判维度		主要研判内容	
四个研判	决策事项的合法合规性	主要判断是否符合国家相关法律法规、行政规章、监管要求、行业准则或道德规范；是否符合公司章程，相关治理主体议事规则以及"三重一大"决策制度；是否符合公司内控、合规、全面风险管理等制度要求。（结合具体议案内容，进行分析研判，明确符合哪条哪款）	
	与出资人要求的一致性	主要判断是否符合上级主管部门对决策事项相关业务范畴的政策指导或业务要求；是否符合股东会、董事会的决策部署或工作要求，是否符合股东利益最大化。（结合具体议案内容，进行分析研判）	
	与企业发展战略的契合性	主要判断决策事项是否与公司"十四五"发展规划、专项规划等中长期规划内容有序衔接，是否符合中长期规划安排。（结合具体议案内容，进行分析研判）	
	风险与收益的综合平衡性	针对涉及财务收支的投融资、资产处置、产权变动等决策事项，主要判断潜在的风险收益比；针对不涉及财务收支的决策事项，主要判断事项的预期执行效果。（结合具体议案内容，进行分析研判）	

研判标准		
研判维度		主要研判内容
三个是否	是否有利于提高企业核心竞争力和增强核心功能	是否有利于提高企业核心竞争力；是否有利于增强企业核心功能。（结合具体议案内容，进行分析研判）
	是否有利于促进中央企业在建设现代产业体系、构建新发展格局中发挥科技创新、产业控制、安全支撑作用	是否有利于促进中央企业在建设现代产业体系、构建新发展格局中发挥科技创新作用；是否有利于促进中央企业在建设现代产业体系、构建新发展格局中发挥产业控制作用；是否有利于促进中央企业在建设现代产业体系、构建新发展格局中发挥安全支撑作用。（结合具体议案内容，进行分析研判）
	是否能够推动企业实现高质量发展	是否能够推动企业实现高质量发展。（结合具体议案内容，进行分析研判）
四个维度	质量维度	主要判断是否有助于促进公司高质量发展，是否有助于提高公司核心竞争能力，是否有助于掌握关键核心技术，是否有助于建设世界一流企业等。（结合具体议案内容，进行分析研判）
	必要性维度	主要判断是否符合国家战略，是否符合公司的发展布局，是否有利于公司的长远利益，是否有利于公司做强做优做大。（结合具体议案内容，进行分析研判）
	经济性维度	主要判断是否与公司资产经营规模、经营绩效、资产负债水平和实际筹资能力相适应，是否有利于公司预定经营目标的完成，是否具备经济性并开展相关论证；是否符合预算管理要求等。（结合具体议案内容，进行分析研判）
	合规维度	主要判断是否符合公司规章制度要求；是否按要求开展合规审查；是否开展风险评估，风险是否可控等（结合具体议案内容，进行分析研判）
廉洁风险	辨识的廉洁风险点有哪些，采取了哪些防控措施	

附录 3. 董事会会议——董事会会议签到表

××公司××××年第×次
董事会会议签到表

会议时间：××××年×月×日

地点：××会议室

出　席				
序号	姓名	职务	签名	备注
1	×××	董事长		
2	×××	董事		
3	×××	董事		
4	×××	董事	电话参会 另行签到	
列　席				
序号	姓名	职务	签名	备注
1	×××	监事会主席		
2	×××	监事	电话参会 另行签到	
3	×××	副总经理		
4	×××	纪委书记		

附录 4. 董事会会议——董事会会议记录

××公司董事会会议记录

名称：××公司××××年第×次董事会会议

时间：××××年×月×日（星期×）上午/下午

地点：××

主持：×××

参加：×××、×××

列席：×××、×××

记录：×××

董事签名：

×××＿＿＿＿＿＿＿＿　　　×××＿＿＿＿＿＿＿＿

×××＿＿＿＿＿＿＿＿　　　×××＿＿＿＿＿＿＿＿

×××＿＿＿＿＿＿＿＿　　　×××＿＿＿＿＿＿＿＿

董事会秘书签名：×××＿＿＿＿＿＿＿

××××年×月×日

附录 5. 董事会会议——董事会会议决议

××公司
××××年第×次董事会会议决议

　　××公司（以下简称公司）××××年第×次董事会会议于××××年×月×日发出会议通知，××××年×月×日发出会议内容变更的通知，于××××年×月×日在××以现场结合电话（视频）方式召开，由×××董事长主持。会议应出席董事×名，实际出席董事×名（×××董事以电话方式出席会议，×××董事请假委托×××代为发表意见）。公司监事会成员、纪委书记、董事会秘书、总法律顾问列席了会议。本次会议的召集和召开，符合《中华人民共和国公司法》《××公司章程》的有关规定。

　　会议审议并表决了×项议案，具体情况如下：

　　一、董事会审议通过/不通过《关于××的议案》

　　表决结果：同意×票，反对×票，弃权×票。

　　二、董事会审议通过/不通过《关于××的议案》

　　表决结果：同意×票，反对×票，弃权×票。

　　三、……

　　……（以下无正文）

　　本页无正文，××电网有限责任公司董事会××年第×次会议决议的签署页。

　　董事签名：

　　×××＿＿＿＿＿＿＿＿　　　　×××＿＿＿＿＿＿＿＿

　　×××＿＿＿＿＿＿＿＿　　　　×××＿＿＿＿＿＿＿＿

　　×××＿＿＿＿＿＿＿＿　　　　×××＿＿＿＿＿＿＿＿

　　　　　　　　　　　　　　　　　　　××××年×月×日

附录 6. 董事会会议——董事会会议表决票

××公司
××××年第×次董事会会议表决票

会议议案	表决结果			
	同意	反对	弃权	回避
（一）审议《关于××的议案》				
（二）审议《关于××的议案》				
……				
……				
意见陈述：				

董事签字：×××_____

××××年×月×日

备注：

1. 请公司各位董事在每项议案所选择的表决结果栏中打"√"，并在表决票下方签名，若表决栏或董事签字处为空白则视为"弃权"。

2. 每项会议议案表决事项仅选择一项表决结果，不选视为"弃权"，多选无效。

授 权 委 托 书

委托人：

委托人身份证号码：

职务：

受托人：

受托人身份证号码：

职务：

兹授权受托人_____代表本人出席_____年_____月_____日召开的_____公司_____年第_____次董事会会议，并于董事会上代表本人依照下列指示就该等议案投票。

序号	表决内容	赞成	反对	弃权	回避
1	关于《〈××〉的议案》				

（受托人是否有权自行酌情投票：是□ 否□）委托人请根据实际情况在上表对应栏内填入「○」号。如未有任何指示，则委托人需注明受托人是否有权自行酌情投票或放弃投票。

受托人授权范围内的行为后果由本人承担，本委托书有效期限自_____年_____月_____日至会议结束。

委托人签名：×××_____

受托人签名：×××_____

日期：××××年×月×日

附录 8. 董事会会议——独立董事对董事会审议议案的独立意见

××公司独立董事关于第×届董事会第×次
会议相关议案的独立意见

根据《××公司章程》《××公司独立董事工作制度》的有关规定，作为公司独立董事，本着谨慎原则及独立判断的立场，于××××年×月×日召开的××专门委员会上，对公司提交的相关资料、决策程序等进行核查，我们对第×届董事会第×次会议审议的相关议案发表如下独立意见：

一、关于《×××》的议案

……

二、关于《×××》的议案

……

三、关于《×××》的议案

……

××公司××××年度
董事会工作报告

一、董事会工作情况

（一）董事会规范性

1. 组织结构情况（应包含董事会规模设置、落实"双向进入、交叉任职"领导体制、董事会工作机构等情况）

2. 制度体系情况（应包含公司章程、"三重一大"决策制度、权责清单、授权制度、议事规则等情况）

3. 依规运作情况（应包含会议管理、外部董事履职保障、信息沟通等情况）

······

（二）董事会有效性

1. 定战略（应包含企业战略与国家战略、南方电网公司战略相符性，企业战略是否建立动态调整机制等情况）

2. 作决策（应包含落实"科学决策、民主决策、依法决策"决策原则、落实"四个研判""三个是否"决策重点。研判决策事项的合法合规性、与出资人要求的一致性、与企业发展战略的契合性、风险与收益的综合平衡性；决策结果是否有利于提高企业核心竞争力和增强核心功能，是否有利于促进中央企业在建设现代产业体系、构建新发展格局中发挥科技创新、产业控制、安全支撑作用，是否能够推动企业实现高质量发展）

3. 防风险（平衡好国家长期利益和企业经营短期风险，应包含企业内控管理体系建设情况、重大风险防控情况、决策后评估等情况）

4. 改革发展成效（应包含企业经营业绩、公司治理效能等情况）

······

（三）董事会文化建设

（应包含培育"忠实尽责、民主平等、开拓进取"董事会文化相关举措，营造开放包容的沟通氛围，保护董事独立性等情况）

（四）董事会红线事项

（应包含董事会是否存在违规违法、落实公司发展战略和各项决策部署不力、决策失误、隐瞒重大事项及提供虚假信息、监管评级低、风险防控存在缺陷等情况）

······

二、下一年度工作安排

······

三、对规范董事会建设工作的意见建议

······

附录 10. 董事会年度工作报告汇总表

董事会年度工作报告汇总表

出　资　企　业		
董事会人数	董事会成员人数	
	其中：外部董事成员人数	
	其中：内部董事成员人数	
专委会情况	专委会数量	
	专委会名称	
董事会会议情况	会议次数	
	议题数量	
董事会决议执行情况	执行台账记录事项数量	
	执行台账完成事项数量	
董事会授权情况	董事会审议投资项目的金额/亿元	
	治理主体审议投资项目总金额/亿元	
	董事会审议投资项目的金额占治理主体审议投资项目总金额的比例/％	
董事会亮点		

附录 11. 外部董事履职工作报告

××公司××××年度
外部董事会工作报告

一、所任职企业本年度生产经营管理基本情况

报告推动企业改革发展和经营管理水平提升情况。包括但不限于所任职企业核心竞争力培育与提升情况、未来发展潜力与面临的主要风险等。

二、年度履职工作计划完成情况

对照《年度履职工作计划》，报告履职任务完成情况。包括但不限于：

（1）所任职企业工作基本情况。主要是推动董事会制度建设情况、参加董事会决策情况、专门委员会运作及发挥作用情况等。

（2）贯彻执行党和国家方针政策、战略部署，公司发展战略、治企理念和公司关于出资企业改革发展的各项决策部署落实情况。主要是参与所任职企业发展战略与规划的制订实施情况、公司年度重点工作任务目标完成情况、公司要求所任职企业董事会落实事项以及公司相关检查发现问题整改完成情况等。

（3）对所任职企业经理层成员考核激励情况。主要是对经理层成员经营业绩考核指标设定、业绩考核办法的制定及实施情况，以及激励、约束的实际效果等。

三、在任职企业实际履职的工作时间及具体履职情况

对照《履职工作日志》，报告集体和个人投入时间精力履职情况。包括但不限于：一年内在同一任职企业的履职时间；出席董事会会议的次数；开

展专题调研形成调研报告的次数；非外出履职期间在指定地点坐班的情况；（外部董事召集人）组织召开外部董事研讨会的情况；向董事会提出反对意见、警示或质询并向公司报告的情况等（如有）。

四、参加学习培训情况

报告集体和个人参加履职相关学习培训情况。包括但不限于参加学习培训的时间地点、形式内容、能力提升等。

五、发现问题及相关意见建议

包括但不限于：所任职企业改革发展和经营管理等相关方面存在的问题；对所任职企业的有关意见建议以及下一步工作计划；履职中存在的困难及有关建议。

（备注：考虑到报告内容涉及同一企业任职的多位外部董事，可视需要在特定内容，如第三、第四部分，分别描述外部董事集体和个人的具体履职情况。成文时，请删除本段备注）

外部董事签名：

×××_____

外部董事1（召集人）

×××_____

外部董事3

×××_____

×××_____

外部董事2

×××_____

外部董事4

×××_____

××××年×月×日

附录 12. 外部董事不定期报告

××公司外部董事不定期报告

不定期报告内容包括但不限于：

一、所任职企业董事会违法违规决策情形

二、董事会决议明显损害公司、所任职企业职工合法权益情形

三、发现存在重大决策风险和生产经营重大问题，特别是可能发生的重大损失、重大经营危机等

四、其他需向公司报告的内容

（外部董事）签名：×××_____

日期：××××年×月×日

附录 13. 董事调研方案

××公司董事调研方案

为了……便于公司董事会董事及时了解相关信息，交流经验，……制定本方案。

一、调研目的

二、调研对象

三、调研形式

1. 资料查阅
2. 座谈研讨
3. 现场考察

四、调研阶段安排及内容

1. 调研阶段安排

（1）准备阶段：组成调研组，围绕调研目的，结合实际情况，研究确定调研内容，拟定调研方案。

（2）实施阶段：按照调研方案，深入调研对象、查找问题，有针对性进行调研。

（3）形成调研成果阶段：在认真调查、研究、分析的基础上，形成高质量的调研报告等调研成果。

2. 调研内容

（1）资料审阅：基本情况、财务报告、……

（2）座谈研讨：

（3）现场考察：

五、参加人员名单

六、调研的时间安排

七、组织机构及职责分工

（1）组织机构：

（2）职责分工：

职 责 分 工 表

序号	工作内容	负责人	
1			
2			
3			

附录 14. 董事调研报告

××公司董事调研报告

一、企业概况

包括企业历史发展沿革、企业组织结构框架、企业资本结构、重要子企业及分支机构等。

二、行业发展情况

主要包括行业的发展阶段分析、竞争结构分析、供需分析、行业未来发展预测等。

三、企业经营情况

包括企业主要产品及工艺流程、技术水平、市场竞争分析、销售情况、供应情况等。

四、企业管理情况

包括决策程序及执行情况、内控制度及执行情况、组织管理和用人制度、人力资源开发管理、科技开发管理等。

五、财务状况及评价

包括企业具体的财务状况、财务变动情况及原因、对财务状况的评价、会计报表及其附注等。

六、未来发展战略及发展风险因素

七、综合评价

八、公司存在的问题及建议

九、重大或专题事项说明

附录 15. 董事会会议——董事会提案

关于＿＿＿＿＿的提案

××公司董事会：

　　本人＿＿＿＿＿，为＿＿＿＿＿公司（目前持有××公司【】股份）派出董事。根据《公司章程》的规定，有权向公司董事会进行提案。

　　鉴于＿＿＿＿＿情况，我在此提议公司董事会审议以下事项：

　　（1）……

　　（2）……

　　（3）……

提案人：×××＿＿＿＿＿

××××年×月×日

附录 16. 董事建议函

××公司董事关于_____的建议函

根据××公司（以下简称公司）《公司章程》【可以补充公司其他制度】等规定和要求，我（们）作为公司的董事，现就公司_____事宜，基于独立判断，发表如下建议：

（1）……

（2）……

（3）……

××公司董事签名：×××_____

日期：××××年×月×日

××公司董事质询书

××公司【或部门】：

本人（我们）通过××渠道获悉，公司_____出现了如下问题：

（1）······

（2）······

（3）······

作为公司董事就以上问题提出质询，请于_____年____月____日就以上内容作出书面说明。

××公司董事签名：×××_____

日期：××××年×月×日

附录 18. 外部董事履职情况汇总表

××公司外部董事履职情况汇总表

任职单位			
外部董事姓名			
列席股东 会情况	会议次数		
	议题数量		
出席董事会 会议情况	会议次数		
	议题数量		
	否决票数		
	质询次数		
	建议项数		
出席董事会专 门委员会会议 情况	战略与投资 委员会	会议次数	
		议题数量	
	薪酬与考核 委员会	会议次数	
		议题数量	
	审计与风险 委员会	会议次数	
		议题数量	
	提名委员会	会议次数	
		议题数量	
	××委员会	会议次数	
		议题数量	
出席或列席 其他会议情况	出席或列席其他会议名称		
	出席或列席其他会议次数		

获取履职所需 资料情况	获取资料份数	
	资料情况	
调研情况	调研次数	
	调研报告份数	
	调研内容及调研对象	
学习培训情况	学习培训次数	
	学习培训情况	
履职时间（工作日）		
外部董事工作亮点		

N